信息化背景下的财务会计管理研究

魏海艳 著

全国百佳图书出版单位
吉林出版集团股份有限公司

图书在版编目（CIP）数据

信息化背景下的财务会计管理研究 / 魏海艳著.

长春：吉林出版集团股份有限公司，2024.6 -- ISBN
978-7-5731-5319-7

Ⅰ．F234.4

中国国家版本馆 CIP 数据核字第 2024SQ1557 号

信息化背景下的财务会计管理研究

XINXIHUA BEIJING XIA DE CAIWU KUAIJI GUANLI YANJIU

著　　　者：魏海艳
责任编辑：沈丽娟
技术编辑：王会莲
封面设计：冯冯翼
开　　　本：787mm×1092mm　　1/16
字　　　数：198 千字
印　　　张：10.75
版　　　次：2024 年 6 月第 1 版
印　　　次：2024 年 6 月第 1 次印刷

出　　　版：吉林出版集团股份有限公司
发　　　行：吉林出版集团外语教育有限公司
地　　　址：长春市福祉大路 5788 号龙腾国际大厦 B 座 7 层
电　　　话：总编办：0431—81629929
印　　　刷：长春新华印刷集团有限公司

ISBN 978-7-5731-5319-7　　　　　　定价：65.00元

前　言

　　信息时代对人们的生产和生活方式产生了巨大的影响。信息技术的广泛应用,使各行各业的经营管理模式发生了根本性的变化。在新时代背景下,企业面临的挑战日益增多,生存环境更加严峻。为了适应信息技术的快速发展趋势,企业开始尝试创新经营管理方式,将信息技术融入财务管理,不断提高对财务管理信息化的认识,构建完整的财务信息软硬件系统,加强内部沟通和交流,确保数据互联互通。希望通过这种方式优化财务管理模式,提高财务管理效率,为企业经营决策提供坚实的科学依据。在会计信息化的背景下,为了保证企业财务管理的高效进行,企业的首要任务是深入了解财务管理的各种影响,并在此基础上采取相应的措施进行优化和改进。

　　本书从财务管理、信息化的基本概念出发,对财务管理的基本知识、信息化建设、财务管理的转型等进行了深入分析;详细阐述了医院的财务管理;在信息化背景下,财务管理如何与新的信息技术相结合,如何在信息化背景下培养财务管理专业人才。本书涵盖了丰富的理论、实践和普遍的内容。它立足于实际情况,理论与实践相结合。旨在为数字时代中国企业的财务会计管理提供有益的指导,帮助中国企业进行财务管理,加大会计管理力度。本书作者为魏海燕。

　　魏海艳,大学本科学历,高级会计师,三亚中心医院(海南省第三人民医院)总会计师,海南省 E 类人才,中国共产党海南省三亚市第八次党代会代表,海南省卫生信息学会统计与大数据分析应用专委会副主任委员、海南省卫生健康委大型医院巡查专家、2024 年海南省高级会计师评审专家。

　　鉴于编者能力有限,写作时间紧迫,本书难免存在不足和错误。诚邀专家、业内同人及读者提供宝贵意见和建议。

目 录

第一章　财务管理的基础

第一节　财务管理的内涵

每个企业在进行生产经营活动时,都依赖于人力资源、资金、物资、信息等多种生产经营要素。企业的生产经营活动可以划分为业务活动和财务活动两大类,与之相对应的,企业的管理也分为生产经营管理和财务管理两大类。财务管理是一种经济管理活动,它是企业管理的重要组成部分,通过对企业资金的筹集、运用、控制、分配等方面的管理,确保企业资金的有效利用和持续发展。

一、财务管理的内容

任何企业的生产经营过程,都是从购买生产所需要的原材料开始,到投入生产过程,生产出产成品,再进入销售环节,最后取得销售收入和实现企业利润,然后再进行下一个循环的生产或扩大再生产。这就是资本在不断运动变化不断增值的过程,其实也就是企业财务活动的过程,企业资本的运动过程直接决定了财务活动的内容,而企业财务活动的内容,就是企业财务管理的内容。

根据企业财务活动的内容,企业财务管理的内容有以下四个方面。

(一)筹资的管理

筹资是指企业为了满足生产经营、投资等方面的资金需求,通过合适的渠道,采取合理的筹资方式筹措资金的过程。企业在筹资过程中,首先要确定筹资的总量和用资时间,其次要选择合理的筹资方式,以尽可能低的资金成本和最小的财务风险,筹集企业所需资金。

(二)投资的管理

投资是指企业为了获得一定的收益或避免一定的风险而进行的资金投放行为,投资有广义和狭义之分。广义的投资包括对外投资、对内投资;狭义的投资仅指对外投资。对外投资指企业将资金投放到其他企业,比较常见的有购买股票、债券等金融产品,参与其他企业的并购也是一种对外投资,通过对外投资可以实现企业的多元化经营,从而降低企业的经营风险。对内投资是指在企业内部进行的投资行为,如更新设备、开发新产品、新建厂房、开办新公司等。在投资管理时,要综合考虑多种因素,确保投资的安全性和收益性,如要明确投资目标、考虑风险的承受能力、投资的周期、投资的规模、投资的方向、投资方式的选择等。

(三)营运资金的管理

营运资金也称为营运资本,营运资金有广义和狭义之分。广义的营运资金是指企业投在流动资产上,用以维持正常生产经营的资金,具体包括现金、应收款项、存货等占用的资金。狭义的营运资金是指某个时点上流动资产和流动负债的差额。

营运资金的管理是企业财务管理的重要组成部分,它涉及企业日常运营中的流动资产和流动负债的管理。良好的营运资金管理有助于确保企业日常经营活动的正常进行,避免资金链断裂的风险,同时也能够提高企业的资金利用效率,降低资金成本。企业管好营运资金,一方面要做好详细的营运资金的预算,预算企业应该投多少资金在流动资产上才能保证正常运转,同时还要确保这些资产的安全性和流动性,避免其闲置和浪费;另一方面要解决营运资金的资金来源问题,企业要合理安排流动负债的规模和结构,确保能够按时偿还债务,避免财务风险。

(四)利润分配的管理

利润分配是对投资产生的成果进行的分配。利润分配管理最重要的就是要解决税后利润的分配比例,多少分给投资者,多少作为再投资。如果分给投资者过多,用于企业再生产的就少,不利于企业长期发展;如果分给投资者过少,会引起投资者的不满。企业利润分配的决策受诸多因素的影响,企业要结合各方情况制定出最佳的分配政策。

二、财务管理的原则

财务管理的原则有助于确保企业财务管理活动的有效性,从而实现企业的财务目标,下面是财务管理过程中应该遵循的几个原则:

(一)货币时间价值原则

货币时间价值原则是指在进行财务计量时,需要考虑货币时间价值因素。货币投入市场后会随着时间的推移而不断增值,这是一种客观存在的普遍经济现象。管理者要将货币时间价值作为财务管理工作中的基本理念,有效地优化整个财务决策过程,如:在制定现金流管理策略时,需要对不同时间点的货币价值进行折算,更加科学地进行决策。

(二)系统性原则

系统性原则包括整体观、关联观、环境适应性观和发展观。整体观要求财务管理需要从整体角度考虑,协调各方面的财务关系,以实现企业价值最大化。关联观强调在财务理论创新的过程中,需要企业各部门之间建立紧密的联系,以实现目标一致和方法合理的目的。环境适应性观是指创新的财务管理理论必须适应全球经济一体化和市场经济的大环境。发展观强调在进行创新活动时,必须具备一定的预见性,以便更好地适应未来我国不断变化的经济环境。

(三)批判与继承相结合的原则

计划经济环境下财务管理活动中形成的先进性理念以及积累的实用性经验,在市场经济时代的财务管理理论创新中应该继续得到继承和发扬。要遵循批判与继承相结合的原则,对整体上不能适应市场经济发展需要的财务管理理论进行合理处置,对具有先进性理念和实用性经验给予保留并发扬。

(四)风险、成本和收益均衡的原则

在财务活动中,财务主体需要评估其风险、成本和收益的关系,确保

所承担的风险、所付出的成本与所获取的收益达到平衡。在风险和成本相同的情况下选择收益最大的方案,在收益相同的情况下则选择风险和成本最小的方案。这一原则有助于投资者在投资决策过程中全面评估成本风险和收益,做出最明智的决策。

(五)妥善协调处理各方利益的原则

企业是由不同利益群体组成的经济实体,这些经济利益群体主要包括业主、经营者、债权人、债务人、税务机关、消费者、企业各部门、员工等。利益关系协调原则要求企业要妥善协调和处理好与利益群体的关系,只有真正保护各方的合法权益,才能在企业内部和外部营造和谐的发展氛围,最大限度地激发各相关利益群体的积极性,从而实现企业价值最大化。

三、财务管理的目标

目标就是方向,没有明确的目标,很难以评估决策的质量。财务管理的目标是评价企业财务活动是否合理的基本标准,它决定了财务管理的方向。

(一)企业财务管理的目标

财务管理的目标取决于企业的目标,财务管理的目标以企业的目标为基础,投资者创办企业的初衷就是为了追求利润。企业在日常生产经营管理中也会设定一些其他方面的目标,如给员工加薪、改善工作环境、优化产品质量、减少环境污染等,但企业最基本的目标永远是追求更多的利润。企业的财务管理目标是企业组织财务活动、处理财务关系要达到的最根本的目的,它决定企业财务管理的基本方向,它取决于企业的目标,关于企业财务管理目标的表述,主要有三种观点,即利润最大化、股东财富最大化、企业价值最大化。

1. 利润最大化

利润是企业新产生的财富,利润越多企业财富增长越快,离既定目标也越近。追求利润最大化的观点有一定的局限性,主要体现在以下几个方面:①没有考虑货币的时间价值。例如,今年实现 200 万元的利润和明年实现 200 万元的利润,如何准确评估企业目标的实现情况,如果忽略货币的时间价值,就很难做出准确的评估。②没有考虑利润与资本投入之间的关系。例如,同样盈利 100 万元,一家公司需要投入 500 万元的资本,而另一家公司需要投入 600 万元的资本。如果不将 100 万元的利润和公司资本的投入联系起来,就很难做出准确的评估。③没有考虑利润和所承担的风险之间的关系。例如:同样投入 500 万元,同样都是今年实现了 100 万元的利润。但其中一家公司的利润已经全部转化为现金,而另一家公司的利润全是应收账款,可能会发生坏账损失。在这种情况下,如果不衡量风险的大小,就很难做出准确的评估。

利润最大化目标的优缺点,优点:①利润综合体现了企业的经营成果,直接反映了企业财富的增加,使得经济效益的衡量变得直观明了。②在利润最大化目标的驱动下,企业会科学合理地分配人财物等资源,节约成本,避免浪费,提高资源的使用效率,以达到实现更多的利润的目的。③追求利润最大化有助于企业关注市场需求,自觉提高产品质量和服务水平,提升市场竞争力,从而赢得更多客户的信赖,提高市场销售份额,进一步推动企业的整体经济效益提升。缺点:①在追求利润最大化的过程中,有些管理者可能更多地关注销售收入的增长,而忽视企业现金流量的情况,企业产生大量的应收款项,一方面导致企业利润"含金量"降低,一方面现金流量压力增大,增加企业的财务风险。②利润最大化没有考虑利润和风险的关系,为了追求高利润,管理者可能会选择投资一些高收益但高风险的项目,这些高风险的项目一旦投资失败可能会使企业陷入经营困境或财务困境,甚至导致企业破产。③利润最大化没有考虑企业的投入和产出之间的关系,也没有考虑资金的时间价值和企业的长远发展,这可能导致决策者在制定决策时,无法全面考虑各种因素,从而做出错误的决策。

2.股东财富最大化

对于股份制企业来说,每个股东的股份数量、投资规模不同,决策权也不一样,但每个股东希望获得更多财富的目标是一样的。股东财富通常由股东持有的股份数量和股票市场价格来确定的,股东持有的股份越多,股价越高,股东财富也越大。在股份固定的情况下,要使股东财富最大化,就必须尽可能地提高股票的价值。在企业的财务管理中,将股东财富最大化作为目标,可以有效避免企业追求短期利润的行为。

股东财富最大化的优缺点。优点:①在追求股东财富最大化的过程中,企业充分考虑到了各种风险因素,如市场风险、财务风险等。因为这些因素会直接或间接地影响到企业的股票价格,进而影响到股东的财富。通过对风险因素的充分评估和控制,企业可以更加稳健地运营,降低潜在的风险损失。②股东财富最大化目标注重企业的长期稳定发展,而非仅仅追求短期的利润最大化,企业在决策时会更加考虑长远发展,如增加研发预算、提高产品质量等。这种长期的发展导向有助于企业建立可持续的竞争优势。③在上市公司中,股东财富可以通过股票价格来直接量化。这使得股东财富最大化目标变得相对容易衡量和评估。同时,由于股票价格受到市场供求、公司业绩等多种因素的影响,因此它也能够全面反映企业的经营状况和发展前景。这种易于量化的特点有助于企业建立科学的考核和奖惩机制,激励管理层和员工更加努力地工作。④在追求股东财富最大化的过程中,企业会充分考虑到资金的时间价值,合理安排资金的使用和筹集。这有助于企业优化资源配置,提高资金的使用效率,进而增加企业的价值。缺点:①它主要适用于上市公司,因为上市公司的股价能够相对容易地反映股东的财富变化。然而,对于非上市公司而言,由于没有公开的股价作为参考,股东财富的衡量和比较就变得相对困难。②所有者通常情况不参与公司的日常管理,对企业各方面情况了解不多,所有者和管理者之间存在信息不对称的情况,管理层则可能利用信息不对称来追求个人利益,从而损害股东和企业的整体利益。同时,股东财富最大化也容易导致企业过度关注股东利益,而忽视了其他利益相关者的利益,如债权人、员工、客户和社区等。③企业作为社会的一员,应该承担一定的社会责任,并努力实现可持续发展。然而,股东财富最大化往往只关注企业的经济利益,而忽视了企业的社会责任和可持续发展目标。

3. 企业价值最大化

企业的价值指企业本身的价值,是企业有形资产和无形资产的市场价值,它不是账面资产的总价值,企业的实际市场价值因为商誉等因素的影响可能会超过其账面价值。具体来说,企业价值是企业预计未来能够创造的现金流量的现值。企业在制定财务管理目标的过程中,应高度重视企业价值最大化,运用科学的财务管理方法,制定最优的财务政策,在资金、风险和价值之间找到平衡,在保证企业持续稳定发展的同时实现企业价值最大化的目标。

企业价值最大化的优缺点。优点:①企业价值最大化不仅考虑了企业当前的盈利能力,还充分考虑了企业的未来增长潜力。这有助于企业在追求价值增长的过程中,兼顾短期和长期的利益,实现可持续发展。②企业价值最大化促使企业更加关注资源的合理配置和有效利用,通过优化生产流程、提高管理效率、降低生产成本等方式,企业可以提高自身的盈利能力和竞争力,从而增加企业价值。③企业价值最大化促使企业提高产品质量、服务水平、品牌影响力等方面的竞争力,因为这些竞争优势可以帮助企业在激烈的市场竞争中脱颖而出,赢得更多的市场份额和客户资源,从而增加企业价值。缺点:①企业价值的计算通常涉及复杂的财务模型和评估方法,这些模型和方法往往基于一系列假设和预测,因此在实际操作中可能难以准确应用。此外,企业价值的评估还受到市场环境、政策变化等多种因素的影响,使得企业价值最大化的目标难以精确实现。②企业价值最大化通常适用于上市公司,因为上市公司的股票价格可以作为企业价值的参考指标。对于非上市公司而言,由于缺乏公开的交易市场,难以通过股票价格来反映企业价值。因此,对于非上市公司来说,企业价值最大化的目标可能难以直接应用。③受市场波动影响大,特别是在资本市场波动较大的情况下,企业价值的评估结果可能会产生较大的误差。这可能导致企业在追求价值最大化的过程中,受到市场波动的干扰,难以做出准确的决策。④可能会忽视短期利益。企业价值最大化强调更多的是关注企业的长期稳定发展,因此在追求价值最大化的过程中,可能会忽视企业的短期利益,这可能导致企业在短期内面临较大的经营压力,甚至可能影响到企业的正常运营。

(二)不同利益主体财务管理目标的矛盾与协调

企业在从事财务管理活动的过程中,不可避免地会与各种经济利益相关方发生关系,在所有的关系中,所有者、经营者和债权人的利益冲突与协调至关重要,企业需要处理、协调好这三者之间的矛盾与利益关系。

1. 所有者与经营者之间的矛盾与协调

(1)所有者与经营者之间的矛盾

一般来说经营者不拥有股权,只是所有者的代理人,所有者和经营者的矛盾主要来源于他们不同的目标和利益诉求。所有者的目标是企业价值最大化,期望获得更多的利润和回报,他们关心企业长远的发展和稳定,希望经营者能够代表其利益全力以赴地工作,以实现其目标。但实际上经营者会从自身利益角度去考虑,更关心个人薪酬的增长、有更多的闲暇时间以及更多的享受,所以两者所追求的目标经常会不一致,甚至会发生利益冲突。

(2)所有者与经营者之间的协调

为了协调所有者与经营者的矛盾,可以采取一些措施,防止经营者背离所有者的目标,并激励他们为实现所有者的目标去努力工作,通常的措施有:

①监督

经营者和所有者之间存在信息不对称的问题,经营者通常清楚地掌握企业日常的经营和决策信息,而所有者可能难以了解这些信息或者需要付出成本才能获取。这种信息不对称就可能导致经营者利用信息优势去谋取私利,从而损害所有者的利益。为了避免经营者的这种行为,所有者就需要收集更多的信息,从而对经营者进行有效的监督,当发现经营者偏离目标时,可以减少其薪酬,严重者甚至被解雇。

所有者要对经营者进行监督,但全面监督在实践中并不可行,全面监督的成本很高,很可能超过它所带来的收益。通常情况下,所有者会聘请注册会计师对企业开展审计工作,但一般的审计工作是财务报表的审计或者某个专项的审计,而不是对所有的经济活动和管理行为进行全面的审计,因为全面审计的成本很高。因此,受监督成本的限制,监督可以减少经营者背离所有者目标的行为,但不能解决全部问题。

②激励

防止经营者不偏离所有者目标的另一种方法是激励,企业增加的财富让经营者分享,激励经营者采取符合所有者利益的管理措施。例如,当企业的盈利率或股价提高后,所有者以现金或股票期权奖励经营者。使用激励方法时,激励额度非常重要,如果报酬过低,不能有效激励经营者,就不能让所有者获得最大的利益;过高的薪酬意味着所有者需要支付较高的成本,也可能不能让自己获得最大的利益。因此,激励可以减少经营者背离所有者目标的行为,但并不能完全解决所有问题。

通常,所有者会综合运用监督和激励的方式来协调自己与经营者的矛盾,同时,加强所有者和经营者的有效沟通也是缓解矛盾的途径。即便如此,有些经营者仍有可能不完全按照所有者的要求行动,他们可能会做出一些对自己有利但对所有者不利的选择,给所有者造成一定程度的经济损失。财务管理者需要权衡各种因素,在监督成本、激励成本和偏离所有者目标的损失三者之间找到平衡点,寻求三者之和最小化的解决方案,协调处理好所有者和经营者的矛盾。

2. 所有者与债权人之间的矛盾与协调

所有者和债权人之间的矛盾主要源于他们对企业资金运用和利益分配的不同诉求。债权人向企业提供资金时,二者之间就建立了委托代理关系。债权人的关注点在于企业的偿债能力和债务安全,他们希望企业能够按时偿还债务本金和利息,保证自己的资金安全,因此,更倾向于企业保持稳健的财务状况,避免过度扩张或者投资高风险的项目,从而增加企业的偿债风险;所有者则希望经营者将更多的资金用于扩大生产、投资高风险高回报的项目,或者进行其他可能增加企业价值的活动。

这种矛盾表现在具体的经营决策上,有可能会出现下面的情况:

①所有者在没有获得债权人同意的情况下,擅自改变所借资金的原定用途,选择投资风险高的项目,增加了偿债风险。高风险项目如果投资成功,超额利润将完全属于所有者;如果失败,企业无法偿还债务时,债权人可能要承担由此造成的经济损失。

②所有者为了增加企业利润,没有经过旧债权人的同意,就决定发行新的债券,这会给旧债权人带来一定的经济风险,因为新的债券发行后企业资产负债率上升,经营的风险增加,如果企业破产了,新债权人和旧债权人共同参与破产财产的分配,这就导致旧债券风险增加,价值降低。

债权人为了防止自身的利益不受损害,除了寻求法律保护,如破产时优先于股东分配剩余资产等,他们通常还会实施以下策略:一是在借款合同中加入一些限制性条款,如明确借款目的,规定不允许发行新债或限制新债发行规模等。其次,当发现企业有损害其利益的行为时,债权人会采取不再提供新的资金或提前收回资金的措施来保护其自身利益不受损或少受损。

第二节 财务管理的理论

一、委托代理理论

(一)委托代理理论的内涵

在信息不完全对称的社会环境中,如果一方想要从另一方获得信息,就需要通过沟通渠道来实现这一目标。在竞争激烈的市场经济环境下,信息不平衡也可能是一些市场参与者获取资源和赚取利润的主要优势。出于人类的自私本性,拥有信息的一方不太可能主动与不了解信息的另一方分享信息,这也导致了所谓"企业黑箱"现象的出现。为了应对这种情况,经济学家对公司内部的信息不平衡和奖励机制进行了深入的探讨,并提出了委托代理理论。委托代理理论的主要目的是指导委托人在信息不对称的情况下如何选择一个可靠的代理人,并设计最合适的契约,以保证代理人能给其带来最大的利益。

委托代理关系类似于合同关系,也就是说,在特定的合同关系下,委托人聘请代理人全权负责代表其行使相关权利或提供服务。这种契约协议可以通过法律手段建立,也可以根据社会的某些传统或习俗建立。只要在代理人和委托人之间建立了委托代理关系,这就意味着他们的控制权和所有权已经分离。代理人和委托人有各自不同的目标,委托人的主要目标是实现其资本的利润最大化;代理人可能并不会真正关心企业利润,他更关心的是自己的利益能否实现,包括约定的薪酬、社会地位等。研究委托代理理论可以帮助我们理解代理方和委托方之间的利益冲突,并采取一定的措施优化委托代理关系,通过设计最优的激励机制,提高代理方的绩效水平,调动其工作积极性,从而实现委托人利润最大化的目标。

(二)委托代理理论在财务管理中的具体运用

1.委托代理理论在筹资决策中的应用

在财务管理领域,筹资决策是最重要的决策之一,企业能否及时筹集到所需的资金在一定程度上决定着企业的成败。企业的资本结构是指企业资本总额里债务资本与权益资本的比例关系,也就是说在企业总资本中,有多少是通过债务等借债方式筹集的债务资本,有多少是通过投资者投入等方式筹集的权益资本,二者各自的占比是多少。资本结构对企业的经营和财务状况影响重大且深远,合理的资本结构能够降低企业的筹资成本,充分发挥财务杠杆的调节作用,从而增加企业的价值。相反,不合理的资本结构可能会导致企业的筹资成本上升,甚至可能引发财务危机。最合理最优化的资本结构是实现企业的价值最大化,但同时资本筹资成本最小化的资本结构。修正后的 MM 理论(含税条件下的资本结构理论)认为,随着资产负债率的增加,企业的价值也会相应地增加,这是因为债务资本的利息支出是在税前支付的,可以降低综合的资本成本,而权益资本的股息是在用税后利润分配的,利息能让企业得到很好的税收保护。但随着资产负债率的持续上升,企业破产风险增大,破产成本也随之上升。鉴于筹资活动固有的复杂性和外部环境的可变性,目前还不能准确地揭示资金成本与企业价值之间的关系,但资本结构理论为企业筹资提供了有价值的参考,有助于指导企业的筹资决策过程。

2. 委托代理理论在股利决策中的应用

股利决策中最重要的问题是要确定股利发放率,即企业利润中有多少将作为股息分配,有多少将作为留存利润留在企业内部。股利决策往往会对企业的股价产生深远的影响。

股权代理成本构成了股利决策的理论基础。代理人与股东之间的利益冲突导致了股权代理成本的产生。对于大多数股份企业来说,分配股息并不是说企业不需要这部分资金用于周转,其实很多企业在发放现金股利之后,又会发行新的证券来筹集所需要的资金。

股利发放率受到两个基本因素的制约:

(1)外部筹集资本所需要支付的付现交易成本;

(2)管理者和所有者的利益冲突引起的内在成本,即代理成本。

企业的股利发放率越高,一方面需要支付更多的付现成本用于外部筹资,但另一方面会减少代理成本。最理想的股利发放率是付现交易成本和代理成本之和为最低时的股利发放率。

3. 代理理论在财务计划中的应用

代理理论在财务计划中的应用主要体现在预算编制方面。在预算编制工作中,代理双方以预期效益最大化为目标共同参与预算的编制工作。由于委托人往往不能直接监督代理人的工作,只能依赖会计信息评价代理人的工作业绩。在实际操作中,代理人的报酬通常与预算的完成情况紧密关联,当代理人在考虑自身利益的情况下,可能会出现"预算松弛"的现象,即预算编制的标准比较宽松,代理人比较容易就可以完成预算任务,获得预期的报酬。要想防止或减少"预算松弛"现象发生,最重要的是要解决委托人和代理人之间信息不对称的问题,让委托人通过各种方式掌握更多的企业运营的信息,才能确保代理人编制的预算科学合理,以便委托人利用预算的执行情况更加客观地评价代理人的经营业绩。

4.代理理论在财务控制中的应用

代理理论在财务控制中的应用主要体现在预算执行的差异分析调查和预算执行的绩效评价两个方面。预算执行的差异分析调查是将预算执行的结果与预算进行比对分析,如果差异较大,则需要进一步详细调查找出原因。

评价代理人的绩效是财务管理的重要问题。委托人对代理人的绩效评价不能仅仅以代理人可控的因素和指标作为绩效评估的依据,还必须要求代理人承担一定的风险,而这些风险的承担可以与代理人的部分或全部报酬挂钩。

二、内部控制理论

(一)内部控制的概念

内部控制是指企业的董事会、高级管理团队及全体员工,实施控制措施实现控制目标的过程,通过内部控制应该合理保证企业经营合法、资产安全、财务报告真实完整,以提高企业的经营效率,促进企业实现战略目标。

我国对内部控制的初步定义是:内部控制作为一种管理策略和手段,在企业的内部环境中应用和执行。这个定义并没有深入探讨和解释内部控制的各个方面。

内部控制涵盖三个方面:第一,内部控制需要明确组织内人员和职能部门的权责,并以此确定每个人或者部门在经济活动中应该承担什么样的责任;第二,内部控制要明确每项经济活动需要遵循的流程,包括必须完成的各种程序、填写的各种表单等;第三,内部控制制度需要建立一个制衡机制来管理每一项经济活动,这种制衡机制强调不同的人经过授权后做不同的事,一个部门或一个人不能完成经济业务活动的全过程,从而实现相互制约和平衡。

(二)内部控制理论的发展

内部控制理论是企业在生产经营管理过程中不断完善和建立起来的,经历了初创期、完善期和稳定期三个阶段。

1.初创期——内部牵制

20世纪初,内部牵制的概念被提出,代表了企业内部控制的初级阶段。企业内部牵制最初是针对财务管理部门经济管理过程的各个方面。要实施这种内部牵制,首先要做到不相容岗位的职务分离,会计处理的主要对象是涉及资金、财务、物资等方面的会计事务。为了有效地实施内部牵制,必须建立科学合理的管理制度,严格控制企业内部的一切经济业务活动,并对相关人员在经济活动中的行为进行持续监控,以避免员工发生任何违反法律法规的行为。

内部牵制通常是针对经济业务活动流程中的某个环节或者某个部门进行管理控制,不能从整体层面对企业所有业务过程和所有经济活动进行系统全面的控制。也就是说,内部牵制是以企业经济业务的“业务控制点”为基础进行控制和管理的。其控制范围相对狭窄,“点”与“点”之间的相关性往往被忽视,不能做到对企业的整体控制。

2.完善时期——内部控制(内部会计控制与内部管控)

内部控制的主要特点是对被控业务实施内部约束,加强企业在特定经济业务流程或特定领域的管理和控制。简而言之,内部控制主要是利用内部控制手段对企业的特定流程或特定组织的任务进行管理和控制。其特色在于对“线”和“面”的管控。从管理广度上看,内部控制与内部牵制相比,不仅覆盖范围更广,控制领域也更广,所采用的控制方法也更科学、更系统。

3.成熟时期——内部控制框架

董事会、高级管理团队及全体员工都是内部控制工作的主要执行者;企业内部控制的有效性主要体现在其保证企业高效运营的能力,以及保证财务报告的真实性、合法性和合规性的能力。

(三)内部控制的要素

内部控制的要素是指构成内部控制模式的各个方面。包括内部环境、目标设定、事项识别、风险评估、风险应对、控制活动、信息沟通、监督,其具体含义如下:

(1)内部环境是实施内部控制的基础,是影响并制约企业内部控制制度建立与执行的各种内部因素的总称。具体包括企业的治理结构、组织机构、企业文化、审计政策和人力资源政策等内容。企业的内部环境对企业战略目标的制定有一定的影响,还会影响对企业风险的识别、评估及风险应对。它还将对企业的控制措施产生影响,并对信息交换系统和监测活动的设计和实施产生影响。

(2)目标设定是指企业管理者要设定明确的内部控制目标,然后才能进一步预测可能影响目标实现的各种因素。企业风险管理为企业管理者提供了平台,不仅可以帮助他们制定企业的目标,还可以确保目标在合理的预期内。

(3)事项识别是指对企业管理活动过程中的影响企业目标实现的各种事项进行分析识别,区分哪些是潜在的风险,哪些是潜在的机遇。在制定战略目标的过程中,管理层应该充分考虑各种可能的机会。每件事都带有某种不确定性,这些潜在的不确定性可能是机遇,也可能是风险,或者两者兼而有之,因此,管理者对其进行评价和判断是非常必要的。

(4)风险评估是实施内部控制的重要环节和内容,指根据企业的控制目标,全面系统地收集相关信息,对风险进行深入分析,评估风险发生的可能性及其可能产生的后果,并在此基础上制定相应的风险应对策略,实现对风险的有效控制。

(5)风险应对包括回避风险、减少风险、分担风险和接受风险。回避风险指对可能给企业带来风险的活动直接回避不参与;减少风险是指采取措施减少风险发生的概率或减少风险对企业的影响,或两者都减少;分担风险是指通过转移风险或与他人分担风险来降低风险;接受风险是指在不采取任何措施的情况下,接受可能存在的风险及其影响。对于每一个重大风险,企业都应该制定风险策略,管理者在选择风险应对方案时,应确保风险发生的概率和影响在可接受的风险范围内。

(6)控制活动是企业根据内部控制目标和风险评估结果,采取具体的措施,如职责分工控制、授权控制等,对经济活动的过程进行有效控制,最终将风险控制在可接受的范围内,企业的控制活动无所不在,它存在于企业的各个层面、各种流程及各个环节中。

(7)信息沟通是实施内部控制的重要条件,是指将与企业管理有关的各种信息以恰当的方式及时、准确、完整地在企业各有关层级之间进行传递,经过有效的沟通,最后将信息用于决策的过程。有效的沟通不仅包括企业内部的沟通,还包括与企业外部相关方的沟通。企业应当建立信息沟通制度,确定内部控制信息的收集、处理、传递程序,保证信息沟通的畅通有效,发现信息沟通中存在的问题,并且及时报告并采取措施解决,以促进内部控制有效运行。

(8)监督是实施内部控制的有效保证,有日常监督和专项监督两种形式,监督是对企业内部控制的实际执行情况进行检查,并分析评价其有效性,发现问题提出针对性的建议。为了做好内部控制的监督,企业应当建立监督制度,设置监督机构(如内部审计机构),并明确职责权限,规范监督的程序、方法和要求。

第三节　财务管理的环节

财务会计管理过程中有五个基本的环节,分别是财务的预测、决策、计划、控制、分析,各环节之间紧密相连,相互协同,共同构建了一个完整的财务会计管理体系。

一、财务预测

(一)财务预测的概念

财务预测是根据历史的财务活动资料,结合目前的实际需要和情况,科学地预计和测算未来的财务活动、财务成果。财务预测有助于企业更好地了解未来的财务状况,为财务决策提供依据。

财务预测根据预测的对象不同可分为投资预测和筹资预测;根据预测时期长短不同可分为长期预测和短期预测;根据预测值的数量不同可分为单项预测和多项预测。

(二)财务预测的工作流程

财务预测的工作流程如下表 1-1 所示。

表 1-1 财务预测的工作流程

工作项目	工作过程	具体操作
财务预测	明确预测的对象和目的	根据企业管理决策的需求来确定
	搜集和整理有关信息资料	对国内外经济市场环境、本企业资料、同行业资料等进行加工处理
	选用特定的预测方法进行预测	采用定性、定量等预测方法进行预测,并得出预测结果

(三)财务预测的方法

财务预测的具体方法越来越多,总的来说分为定性预测和定量预测两大类。

1. 定性预测法

定性预测法是通过对影响事物的各种因素,事物具备的各种属性综合判断后进行预测的方法。这种方法是利用直观的材料,依靠人的经验判断、逻辑思维和逻辑推理,对事务进行综合分析,然后预测事物未来的发展状况,如专家会议法、情景分析法、市场调节法等。

2. 定量预测法

定量预测法是通过对影响事物的各种因素,事物具备的各种属性的数量关系综合分析后进行预测的方法。这种方法是通过对历史数据的分析找出其内在规律,运用连贯性原则和类推性原则,最后利用数学运算对事物未来发展状况进行数量预测。如概率分析预测法、时间序列预测法、相关因素预测法。

二、财务决策

(一)财务决策的概念

财务决策是对财务方案进行综合比较选择,并做出最终决定的过程。财务决策的目的是确定合理可行的最优财务方案,以实现企业财务的总体目标。财务决策是一个涉及多个标准的综合决策过程,这些标准包括货币化、可计量的经济标准,也包括非货币化、不可计量的非经济标准。因此,决策方案通常是多种因素综合平衡的结果。

(二)财务决策的工作流程

财务决策的工作流程如下表 1-2 所示。

表 1-2　财务决策的工作流程

工作项目	工作流程	具体操作
财务决策	拟定决策目标	根据财务预测的信息提出问题、收集资料,为决策做准备
	确定备选方案	分析各备选方案的利弊,研究方案的可行性
	分析、评价、对比各种方案	结合各种因素综合分析、评价、对比各方案的可行性
	拟定择优标准,选择最优方案	确定评价标准,从中选出最优方案

(三)财务决策的方法

财务决策的方法有很多,具体可以分为两类:一类是基于经验的判断方法,即决策者直接凭借自己的经验、知识和能力进行决策;另一类方法是基于数学工具进行定量分析后决策。

三、财务计划

(一)财务计划的概念

财务计划是用货币的形式反映生产经营活动所需的资金及资金来源、财务收支、财务成果及财务成果分配的计划,是对选定的财务决策进一步深入、细致、全面的计划,是财务控制的依据。

(二)财务计划的工作流程

财务计划的编制过程,实际上就是确定计划指标,并对其进行平衡的过程。财务计划的工作流程如下表 1-3 所示。

表 1-3　财务计划的工作流程

工作项目	工作流程	具体操作
财务计划	分析主、客观条件,全面安排计划指标	根据国家宏观产业政策、企业自身生产经营计划、企业生产能力等,综合分析相关因素,科学确定相关指标
	安排生产要素,实现综合平衡	对企业的人财物等生产要素进行定额管理,对资金进行综合平衡,保证计划指标的落实
	调整各种指标,编制计划表格	以定额为基础,确定计划指标,编制财务计划表,并检查各项指标之间是否平衡协调

四、财务控制

(一)财务控制的概念

财务控制是指在财务管理过程中,运用特定的方法、措施,通过规范的控制手段,对企业的财务活动进行监督、控制,以实现财务目标。为了保证企业财务计划的顺利实施,财务控制必不可少,它是财务管理中的一项基础性和经常性的工作。

(二)财务控制的工作流程

财务控制是财务计划的具体实施,具体工作流程如下表 1-4 所示。

表 1-4　财务控制的工作流程

工作项目	工作流程	具体操作
财务控制	确定控制目标	确定总体控制目标,按照责、权、利相结合的原则分解总体控制目标
	确定控制标准	将总体可控目标层层分解到责任单位和个人,例如材料控制标准一般要制定材料采购单价、材料定额等
	执行控制标准	财务运行过程中的适时控制,符合标准的予以支持,反之加以限制,将财务活动控制在计划范围内
	确定执行差异	及时掌握财务信息系统反馈来的财务活动实际运行情况,对照控制标准,及时确定差异的性质和程度
	消除执行差异	分析偏差产生的原因及其责任归属,并且采取有效措施消除差异,保证财务计划的完成

五、财务分析

(一)财务分析的概念

财务分析是以财务报告等相关资料为基础,通过专业的分析方法,对企业过去的筹资、投资、经营、分配等活动进行分析。财务分析的目的是为企业及其所有利益相关者提供准确的信息,使他们能够了解企业的过去,评价企业的现状,预测企业的未来方向,从而做出科学的决策。

(二)财务分析的工作流程

财务分析的工作流程如下表 1-5 所示。

表 1-5　财务分析的工作流程

工作项目	工作流程	具体操作
财务分析	确立题目,明确目标	根据企业生产经营中出现的问题确定分析题目,找到明确的财务分析目标
	收集资料,掌握情况	充分收集各种财务信息资料,以便了解掌握真实的情况
	运用方法,揭示问题	运用各种分析方法对目标题目进行分析,找到关键性问题
	提出措施,改进工作	根据存在的问题,提出明确具体的改进措施

(三)财务分析的方法

常用的财务分析方法包括以下三种:

1.比较分析法

比较分析法是通过比较相关指标来评价企业财务状况的一种分析方法。

2.比率分析法

比率分析法是通过比较相关指标,利用比率来揭示企业财务状况的一种分析方法。常用的比率有:相关指标比率、构成比率和动态变化比率。比率分析法通俗易懂,深受分析人士的喜爱。

3.综合分析法

综合分析法是将财务指标和影响企业财务状况的各种因素排列在一起,对企业的财务状况和经营成果进行综合分析的方法。综合分析法能系统、全面地评价企业的财务状况,但综合分析方法通常比较复杂,需要大量的数据,工作量较大。

第四节　财务管理的环境

一、财务管理环境的含义

财务管理的环境又称理财环境,是可能影响财务管理活动和财务活动的一切因素及条件的总称。财务管理是在特定的环境条件下进行的,受到多种因素和条件的影响,而这些影响因素和条件又是不断变化的,这使得财务管理环境是一个复杂并且多变的系统,企业需要深入理解和研究所处的财务管理环境,以便做出正确的决策。

二、财务管理环境的分类

财务管理的主体要不断地评估财务管理环境,根据具体的财务管理环境的特点,选择相匹配的财务管理工具和方法,以实现预定的财务管理目标。财务管理环境涵盖了技术、经济、金融、法律等诸多方面。

(一)技术环境

财务管理的技术环境,简单来说,就是指在财务管理过程中所使用到的各种信息技术手段和技术条件,这些信息技术手段和技术条件运用于财务管理,大大提高了财务管理的效率和效果,能帮助财务人员快速、准确地为管理者提供决策用的数据信息。比如,集成的数据库管理系统,使得企业财务管理、会计核算和各部门财务情况的透明度大大提高,有助于企业更好地控制财务风险,降低财务成本,加快财务效率;智能数据分析技术通过对大量数据的收集和分析,企业可以做出更准确的财务预测和决策;基于云技术的财务自动化系统也使得财务管理更加高效和便捷;区块链技术可以提供更安全、透明和高效的交易方式;人工智能技术则可以进一步提高数据分析的准确性和效率,为企业的财务管理提供更多的支持。

财务管理的技术环境是企业财务管理中不可忽视的重要因素之一。随着科学技术的快速发展,财务管理的技术环境也在不断地发生变化,企业需要不断关注新技术的发展和应用,积极引入适合自身的技术手段和技术条件,以提高财务管理的效率和效果。

(二)经济环境

经济环境对财务管理的影响尤为重要,经济环境内容也十分广泛,主要包括经济体制、经济周期、经济发展水平、宏观经济政策、通货膨胀水平等。

1. 经济体制

不同的经济体制下的企业财务管理存在明显差异,经济体制是影响企业财务管理的关键环境因素之一,它决定了企业在财务活动中应遵循的规则和制度。在计划经济体制下,国家统筹安排企业资本、统一进行投资,企业按照国家下达的任务进行生产,企业产生的利润统一上缴国家,国家对企业的亏损全部进行补贴,企业虽然是独立的核算单位,但是在财务活动和管理活动中没有自主决策和行动的权力,财务活动内容和管理方法比较单一。在市场经济体制下,企业是"自主经营、自负盈亏"的经济实体,有独立的经营权和理财权,财务管理活动的内容也相对比较丰富,方法也多样化。

2.经济周期

在市场经济条件下,经济的运行具有一定的波动性和规律性,通常包括复苏、繁荣、衰退、萧条四个阶段的循环,这种循环也就是常说的经济周期。经济运行的规律变化对企业的财务管理活动会产生重大影响,在经济周期的不同阶段对企业财务状况和经营决策都有不同的影响,企业应该实施不同的财务管理策略。在经济衰退或萧条阶段,受宏观经济整体下滑的影响,产品的销售量在减少,资金流动变得困难,投资机会也减少,因此紧缩策略可能是企业明智的选择。当经济处于复苏或繁荣阶段,市场需求变得旺盛,销售有望增加,前景乐观,企业投资也会大幅增加。由于经济增长的波动性是不可避免的,面对这种波动,财务团队应该提前做好充分的准备,筹集和分配足够的资金,以更好地调整公司的生产经营战略。

3.经济发展水平

经济发展水平与财务管理的发展水平密切相关。随着经济发展水平的提高,必然会产生更多先进的财务管理方法,企业财务管理的水平也会提高。另外财务管理水平的提高,能助力企业发展战略目标的实现,从而促进经济发展水平的提高。

发展中国家具有基础薄弱、经济增长较快、政策调整频繁等特点。这些因素共同决定了发展中国家在财务管理方面的特点,即:财务管理总体水平在世界处于中等水平,但发展速度较快;由于政策的频繁变化,给企业的财务管理带来了较多的挑战。

4.宏观经济政策

企业作为市场的经济参与者,必然会受到国家宏观经济政策的影响,如对于鼓励类行业,政府会提供更加优惠的融资和税收政策,而对于不扶持的行业,政府会限制其投资规模和税收调整措施,这必然会对企业的资金流入或流出产生影响。企业的财务管理人员需要对国家的宏观经济政策进行深入的研究,根据政策导向组织财务活动和处理财务关系。

不同的宏观经济政策对公司的财务管理产生不同的影响。在金融政策上,货币发行量和信贷规模会对企业的投资资金来源和预期投资收益产生影响;财税政策会对企业的资金结构和投资项目的选择产生影响;企业的资金流向、投资回收期和预期收益受到价格政策的影响;会计制度的变化会对会计要素的确定和计量产生影响,进而影响企业财务预测、决策和事后评价。

5.通货膨胀水平

通货膨胀指物价持续上涨,导致货币购买力的持续下降,这给企业的财务管理带来了较大的困难。通货膨胀问题的治理只能通过政府的宏观调控来解决,企业面对通货膨胀只能调整筹资、投资以及分配政策等应对通货膨胀对企业带来的影响。在通货膨胀的初期,货币面临贬值的风险,企业可以进行投资规避风险,可以与客户签订长期采购协议,以减少价格上涨造成的经济损失。在持续的通货膨胀阶段,企业应实施更严格的信贷标准,以减少债权,并调整财务策略,以避免和减少资本外流。

(三)金融环境

企业在生产经营活动中离不开资金,企业的资金来源除了投资者的投资外,主要是通过金融市场进行筹集,金融市场环境的变化对企业资金的筹集、分配、运营和回收产生的影响较大,它是企业财务管理重要的外部环境。

1.金融机构、金融工具

(1)金融机构

金融机构主要包括银行金融机构和非银行金融机构。在银行金融机构中,有工商银行、中国银行等商业银行;有中国进出口银行和国家开发银行等政策性银行。在非银行金融机构中有金融资产管理公司、信托投资公司、财务公司和融资租赁公司。

（2）金融工具

金融工具,也称为信用工具,是金融市场的重要组成部分,它为资金的筹集和使用提供了便利,是资金使用者向资金提供者借入资金时,或者发行者向投资者筹措资金时,以一定格式制作的书面文件,它是具有法律效力的契约。在金融市场上,常见的金融工具包括股票、债券、基金、期货、期权、远期合约等。这些金融工具都有各自的内容和用途,但也有一些共同的组成要素,如票面金额、发行者（出票人）签章、期限、利息率（单利或复利）等。

流动性、风险性、收益性是金融工具的特征。流动性是指金融工具在转换为货币资金时其价值不会蒙受损失的能力,并且在企业有需要时能迅速转变为货币资金;风险性是指购买金融工具的本金可能会遭受到损失和预期的收益不一定会实现;收益性是指购买金融工具能给持有人带来一定的经济收益。

2.金融市场

金融市场是为资金提供者和资金需求者通过特定的金融手段进行交易,从而实现资金流通的场所。广义的金融市场的交易对象涵盖货币借贷、票据承兑及贴现、证券交易、黄金和外汇交易等。狭义的金融市场主要是指证券交易市场,是股票和债券买卖和发行的场所。金融市场的参与者包括政府、金融机构、企业和居民个人,参与者在金融市场上进行各种金融交易活动,实现资金的融通和配置。金融市场在现代市场经济中发挥着重要作用,是国家宏观调控的重要工具。

金融市场的特点有:①金融市场交易活动在空间上集中于金融中心,但交易对象可以在金融市场内自由流动。②金融市场是一个自由竞争市场,供求关系决定市场价格,买卖双方有平等的权利和机会进行交易。③金融市场的交易不是单纯的买卖关系,更主要的是体现了借贷关系,体现了资金所有权和使用权相分离的本质。④金融市场是一个信息市场,市场价格反映了市场供求状况和经济运行状况,是经济运行的晴雨表。

3.货币市场

货币市场又称短期金融市场,是交易期限不超过一年的金融市场,企业在货币市场上主要进行资金的短期融资。货币市场具有融资周期短、信贷工具流动性高的特点,其主要目的是满足交易者资金流动性的需求。货币市场的主要组成部分包括短期存贷款市场、银行间拆借市场、商业票据贴现市场、大额存单市场和短期债券市场。

4.资本市场

资本市场是一个交易周期在一年以上的金融市场,为企业提供长期的资本融资。资本市场由长期存贷款市场和股票、长期债券等各种证券市场组成。

5.利率

利率反映了利息和本金之间的百分比关系。从资金借贷的角度来看,利率反映了在一定时间内使用资金资源的交易价值。利率的构成通常包括三部分:纯利率、通货膨胀补偿率和风险回报率。

企业为了获得货币资金的使用权,需要付出一定的成本,或者在转让资金使用权时获得相应的回报,这些是由利率或收益率决定的。财务人员需要在利率持续上升的情况下,尽量利用长期资金;在利率持续下降的情况下,应使用短期资金。

(四)法律环境

市场经济是法治经济,企业的经济活动在一定的法律规范内进行,法律既约束企业的非法经济行为,也保护企业的合法经济行为。

财务管理的法律环境是指企业在与外界建立经济关系时必须遵守的各种法律、法规和制度,如企业组织的法律规定、税收法规和财务会计的法律规定。不同的法律、法规和制度从不同的角度约束或保护着企业的经济活动,对企业的财务管理产生不同程度的影响。

(1)企业组织法律规范

企业必须依法成立,企业成立所依据的法律有公司法、企业法、个人独资法、合伙企业法和外资企业法,不同类型的企业成立依据不同的法律规定。如公司的成立依据《公司法》，《公司法》对公司的设立条件、设立程序、组织架构、组织变更以及终止等都做了具体的规定，只有按照《公司法》规定的条件和程序成立才能注册为公司。《公司法》还对公司的生产经营活动做了相应的规定，如股票的发行和交易、债券的发行和转让、利润的分配等，公司成立后，一切生产经营活动必须依照《公司法》的有关规定进行。

（2）税收法律规范

税收是国家财政收入的主要来源，企业是最主要的纳税主体。税收法律规范主要分为三类：所得税法律规范、流转税法律规范和其他税种法律规范。无论缴纳哪一种税，对于企业来说都意味着资金的流出，增加了企业的现金管理压力，对企业的财务管理产生了深远的影响。企业财务管理者要熟悉国家的税收法律法规，合法合规规划企业的筹资、投资和利润分配等经济活动。

（3）财务会计法律规范

财务会计的法律规范是企业从事财务活动，实施财务管理的基本规范，主要包括《企业财务通则》《企业财务制度》《企业会计制度》和《会计准则》等。

除了上述的法规和规定外，还有许多与企业财务管理相关的经济法规，包括证券法、支付结算法等。财务管理者应在遵守法律法规的基础上，积极参与财务管理活动，实现既定的财务管理目标。

三、财务管理环境与财务管理的关系

财务管理环境是财务管理活动的空间、对象和条件。财务管理环境规定和影响财务管理工作的主要内容和工作重点，对财务管理的规范化、科学化、合理性产生了影响。

财务管理环境与财务管理活动的关系非常密切，二者相互影响、相互作用。首先，财务管理是在一定的财务环境下进行的，财务环境是财务管理活动的基础和背景。财务环境包括很多方面，比如经济环境、法律环境、金融市场环境等等。这些环境因素都会对财务管理产生重要的影响。其次,财务管理也会影响财务环境。财务管理的决策和行为不仅会影响企业的财务状况和经营成果,还会对外部环境产生一定的影响。比如,企业的投资决策、筹资决策等都会对金融市场产生一定的影响,进而影响整个社会的经济环境。最后,财务管理与财务环境的关系还体现在它们之间的相互作用和相互影响上。一方面,财务管理环境在一定程度上制约和影响着财务管理活动,财务环境的变化会要求财务管理进行相应的调整和创新,以适应新的环境;另一方面,财务管理者可以通过自身的工作实践改善财务管理环境;使财务管理环境不断适应新的财务管理发展趋势,进一步推动财务管理工作的科学发展。

对财务管理环境的研究,一方面反映了影响财务管理活动的外部环境的重要性;另一方面要求财务人员在从事财务管理活动时要发挥主观能动性,准确把握财务管理环境的变化特征和发展趋势,充分考虑财务管理活动与财务管理环境之间的相互作用,确保两者之间的动态平衡。

第二章 财务管理的基本内容

第一节 企业筹资与资本管理

一、企业筹资

企业筹资是企业根据其生产经营、对外投资或者资本结构调整的需要,通过一定的筹资渠道,运用各种筹资方式筹集资本的活动。随着金融市场的快速发展,现代企业筹集资本的途径和方法日益丰富。

(一)按资金是否来自企业内部分为内部筹资和外部筹资

1. 内部筹资

企业内部筹资的资金来源主要是留存利润。留存利润是指属于股东但没有进行分配而是留存在企业的资金。根据我国法律规定,留存利润包括盈余公积金、公益金和未分配利润。企业留存的利润是普通股东对企业的再投资。股东虽然不能通过分红的方式获得这部分利润,但可以通过股票市场价格的上涨获得相应的补偿。

2. 外部筹资

外部筹资是指企业向社会筹集的资金。企业从外部获取资金的主要途径有商业信用、银行贷款、租赁、发行股票和债券等。

(二)按资金是否借助于银行等金融机构分为直接筹资和间接筹资

1. 直接筹资

直接筹资是指企业直接与资金所有者通过协商等方式获得资金的一

种筹资方式,如企业发行股票、发行债券、接受投资者投资等都是直接筹资。

2.间接筹资

间接筹资是指企业通过银行等金融机构取得资金的一种筹资方式。如银行借款、杠杆租赁、应收账款质押等。

(三)按照所筹集资金的属性分为负债筹资和权益筹资

1.负债筹资

负债筹资是企业与资金所有者通过协商获得资金,并按双方约定使用、按时偿还本息的筹资方式,它体现的是双方的债权债务关系。如短期和长期借款构成了企业与银行之间的债权债务关系,而赊购则是企业与供应商之间的债权债务关系。

2.权益筹资

权益筹资是指企业依法取得资金,长期拥有并有权自主使用的一种筹资方式。例如,股份公司向公众募集资金、非股份公司接受投资者的投资。

(四)按照所筹集资金使用时间的长短分为长期筹资和短期筹资

1.长期筹资

长期筹资是指企业所筹集资金的使用期限超过1年或者一个正常的生产经营周期的筹资方式,如接受投资、发行股票、长期借款、融资租赁等。

2.短期筹资

短期筹资是指企业所筹集资金的使用年限在1年以内或者一个正常的生产经营周期以内的筹资方式,如短期借款、应付账款等。

(五)企业筹资需要考虑的因素

企业在筹资过程中必须根据自身的实际情况选择最有利的融资渠道,在选择筹资渠道时通常需要考虑以下几个方面的因素:

第一,企业筹集资金的主要目的是用于经营性投资,在筹集资金的过程中,必须确保资金使用成本尽可能最低,当企业有众多的资金来源可供选择时,需要选择资金成本最低的资金,如果同时选择几种资金来源时,应该选最优的资本组合。

第二,企业在确定筹资期限时,需要明确选择短期资金还是长期资金。短期资金的成本通常低于长期资金的成本,但在某些情况下,短期资金的成本可能会超过长期资金的成本。因此,企业在筹资时,需要根据具体的经济环境来决定筹资的时间长短。

第三,企业在决定筹资的方式时,还需要考虑企业的税务问题和控制权问题。某些筹资方式可能带来减税,但也伴随着财务风险和控制权转移风险,如企业使用可转换为普通股的债券筹资。

二、企业资本

(一)资本成本的概念与含义

资本成本,又称"长期资本成本",是指企业在生产经营活动中为获得各类长期资金而需要支付的成本。例如,当企业决定支付股息或利息作为对资本提供者(如股东和债权人)的回报时,这种回报称为资本成本。

在财务管理领域,资本成本是一个非常重要的概念。在企业筹集资金时,资本成本是选择资金来源和筹资方式的关键依据,企业应优先选择资本成本最低的筹资。在企业投资时,资本成本被视为评估投资项目和决定投资选择的重要标准,一个投资项目只有在投资回报超过资本成本的情况下才被认为是可接受的。

资本成本可以是绝对数,也可以是相对数。在实际应用中,企业根据分析的目的和需要去选择适当的表达方式来分析和评估资本成本。作为绝对数,资本成本是指企业为筹集和使用资金而付出的代价,这些代价包括筹资费用和资金使用费用。这些费用是企业在筹过程中实际支付的费用,因此资本成本在绝对数的意义上代表了企业筹集资金的总成本。作为相对数,资本成本通常用百分比或比率来表示,它反映了企业为筹集资金所需支付的代价相对于筹集资金总额的比例。这种表达方式有助于企业在不同的筹资方案之间进行比较和选择,以找到成本最低的筹资方式。

1.资本成本的经济内容

（1）筹资费用

筹资费用是指企业在筹资过程中为获取资金而发生的各种费用,包括但不限于向银行支付的借款费用、证券代理发行费、承销费等。筹资费用通常在资金筹集时一次性支付,在资金使用过程中不再发生。

（2）资本使用成本

资本使用成本是指企业在生产经营和投资活动中占用资金所发生的各项费用,包括但不限于向债权人支付的利息、向股东支付的股息、向投资者分配的利润等。资本使用成本要考虑通货膨胀的影响,同时还要考虑企业的经营风险和财务风险收益。资本成本会随着资本占用的时间和金额的增加而逐渐增加。

以上两项成本是资本成本的主要内容。

此外,从内容上看,资本成本还包括资本的损失成本和资本的机会成本。资本损失成本是指资本市场上因投资风险和利率风险造成的各种损失,资本损失成本具有一定的偶然性,并不构成资本成本的主要组成部分,但一旦发生,其损失金额往往相当大,是投资决策时不可忽视的重要因素。资本的机会成本作为一种可能的经济损失,也是投资决策时必须考虑的重要因素之一。

2.资本成本的分类

（1）从资本成本的构成内容上分类

①显见性资本成本

显见性资本成本是指企业为筹集和使用资金而实际发生的各种费用,这些费用可以通过会计计量进行计算,包括已经发生的筹资费用、资本使用成本和已经发生的资本损失成本。

②隐含性资本成本

隐含性资本成本是伴随着投资和筹资行为可能发生,不能直接通过会计账面核算予以计量和反映的各项费用。资本的机会成本是一种典型的隐性成本,而某些潜在的资本损失成本也被归类为隐性成本。隐含性资本成本在一定的条件下可能会以某种间接的方式表现出来,给公司造成损失。例如,在商业信贷迅速扩张的背景下,许多企业过于依赖"应付账款"来筹集资金,导致企业之间出现了严重的"三角债"拖欠,在一定条件下,公司可能面临声誉受损、资本成本增加以及由于大量债务而导致的收益减少的风险,这就是所谓的债务隐含性成本。

（2）从资本成本的经济性质上分类

①财务性资本成本

财务性资本成本是记入损益的各项筹集和使用资金的费用,如筹资费用、利息支出等。

②决策性资本成本

决策性资本成本是指企业从筹资和投资决策的角度考察的实际成本和可能的损失。除上述财务资本成本外,还包括利润分配过程中应支付的股息、分配的投资收益以及资金风险损失的成本和机会成本。

（3）从资本成本与时间的关系上分类

①一次性资本成本

一次性资本成本,又称"固定资本成本",是指只受筹资金额影响的资金成本,一次性支付,与资金的使用时间无关,如发行证券的手续费、代理发行费、税费等。

②周期性资本成本

周期性资本成本也称"变动性资本成本",它不仅受筹资数额的影响,还与资金占用时间有关,并按约定的周期支付,如负债利息、股利等。

（4）从资本成本与经营活动的关系上分类

①无关性资本成本

无关性资本成本是只受筹资数额和资金占用时间影响,而与企业经营状况和使用资本的效益无关的各项支出,如筹资费用、负债利息、优先股股息等。

②有关性资本成本

有关性资本成本不仅与融资金额、资金使用期限有关,还与公司的经营状况和资金使用效率密切相关,包括普通股股利、投资利润、资金机会成本、资金风险、损失费用等。

(5)从资本成本与筹资方式的关系上分类

①个别资本成本

所谓个别资本成本是指企业某一种单个的筹资方式的资本成本。假设某企业采用了发行普通股、长期借款以及发行债券三种筹资方式,则其中发行股票的资本成本就叫作"个别资本成本"。

②综合(平均)资本成本

所谓综合(平均)资本成本,实际上是指企业在各种筹资方式下的平均资本支出。在计算平均资金成本的过程中,通常采用加权平均法进行计算,以各种筹资方式的筹资额占总筹资额的比例作为权重。因此,通常被称为"加权平均资本"或"综合资本成本"。

第二节　企业投资与营运管理

一、企业投资

(一)企业投资的意义

企业投资是对现有资金的一种运用,目的是获得与投资风险成比例的回报。企业能否把筹集到的资金投放到收益高、回收快、风险小的项目上去,对企业的生存和发展十分重要。

1. 企业投资是实现财务管理目标的基本前提

不断提高企业的价值是财务管理的目标,企业价值的提高需要持续不断地实现利润,企业要想实现盈利就必须进行投资,在投资中控制风险,降低成本,实现预期收益。

2. 企业投资是发展生产的必要手段

企业进行简单再生产或扩大再生产,都需要进行适当投资。维持简单再生产需要更新设备,改进产品和生产工艺;实现扩大再生产需要新建或扩建厂房、增加机器设备、增加员工等。企业只有通过一系列高质量的投资,才能做大做强,才能在激烈的市场竞争中立于不败之地。

3. 企业投资是降低经营风险的重要途径

当企业将资金集中投资在生产经营的核心环节或者短板环节时,可以保证生产经营能力得到充分的发展,提高企业的综合生产实力。如果企业采取多元化的经营策略,将资金投资于多个不同的行业,将会提高企业盈利的稳定性,因此,多种经营扩大投资也是降低企业运营风险的重要途径。

(二)企业投资管理的原则

企业投资的目标是追求更高的利润,提升企业的整体价值。企业能否实现既定目标,主要取决于能否在瞬息万变的市场变化中抓住有利的投资机会,做出明智的投资选择。为此,企业在投资时必须坚持以下原则:

1. 认真进行市场调查,及时捕捉投资机会

随着经济的不断发展和人民收入水平的不断提高,人们的消费需求也发生了显著的变化,在这种变化中就产生了无数的投资机会。捕捉投资机会是企业投资活动的第一步,也是企业投资决策的核心环节,企业要深入市场调研,寻找最具潜力的投资机会。

2. 建立科学的投资决策程序,认真进行投资项目的可行性分析

任何的投资都会面临着风险,为了保证投资决策的科学性,企业必须遵循科学的投资决策流程,对投资项目的可行性进行深入分析。投资项目的可行性分析主要是两个方面:一是项目技术上的可行性,二是项目经济上的可行性。负责企业资金规划和管理的财务管理者要积极参与投资项目的可行性评估。

3.及时足额地筹集资金,保证投资项目的资金供应

企业投资项目,特别是大型项目,其建设周期长,资金需求大,项目一旦启动,必须保证足够的资金支持,如果投资过程中出现资金链断裂,会给企业造成经济损失。因此,在启动项目投资前,必须科学测算所需资金的数量及使用时间,并采取适当的方式筹集资金,以确保投资项目能够顺利完成,尽早产生经济效益。

4.认真分析风险和收益的关系,适当控制企业的投资风险

收益与风险是并存的,一般来说,收益越高,风险就越大,而风险的增加可能会导致企业价值的下降,不利于财务目标的实现。企业在从事投资活动时,必须评估收益和风险,只有当收益和风险达到平衡时,企业的价值才能不断增加,从而实现既定的财务管理目标。

(三)企业投资过程分析

按照时间顺序,企业的投资过程可以分为事前、事中、事后三个阶段。所谓事前阶段主要涉及投资计划的制订、评估和决策;事中阶段主要任务是实施投资计划,并对其进行持续监控;事后阶段是指在投资项目完成后,对投资结果进行的后续评审和评价。

1.投资项目的决策

投资决策阶段是整个投资过程的开始阶段,也是最重要的阶段,此阶段决定了投资项目的性质、资金的流向和投资项目未来的收益能力。

(1)投资项目的提出

战略性的投资通常由企业的高层管理层提出,如新建厂房;战术性的投资通常由中层管理层提出,如生产部门建议升级设备。

(2)投资项目的评价

投资项目的评价主要包括以下几个方面:

①对投资项目进行详细分类,为后续分析评价做好充分准备;

②测算每个项目在每个时期的现金流量;

③根据评价指标体系对项目进行评价分析;

④出具评估报告,编制投资预算,提交审批部门审批。

（3）投资项目的决策

投资项目经过评价后,交由企业的决策层做出决策。决策一般分为以下三种情况:①接受项目;②拒绝项目;③退回项目,重新评价。

2. 投资项目的实施和监控

加强投资项目实施的过程管理,具体需要完成以下任务:①为投资计划筹集必要的资金;②按照预定的投资计划,有组织地、分阶段地实施投资项目;③实施过程中监控项目的进度,严格管理项目质量和控制项目成本。

在项目执行阶段,需要定期进行过程分析,将实际现金流量与预期收入进行对比,并根据具体情况进行相应的决策调整,决策调整主要有几种情况:

（1）延迟投资

如果投资时机不合适,突发事件影响当前经济形势,使得不适合投资该项目,但该项目在可预见的未来仍有投资潜力,那么可以考虑推迟投资时间。有时推迟投资的目的是获得更多的信息,等待最佳的投资时机。

（2）放弃投资

在项目执行阶段,监测到项目的现金流状况与预期相差甚远,如果继续投资会产生负的净现值,从而给公司造成投资损失,或者放弃投资带来的收益高于继续实施项目带来的收益,这种情况下,企业应考虑放弃投资。

（3）扩充投资与缩减投资

投资项目的实际收益如果远高于预期收益,企业应考虑在此项目上投入更多的资源,扩充投资,提高项目的生产效率,增加营运资金,以适应其快速增长的需要。反之,投资项目的实际收益如果远低于预期收益,则应该考虑减少投资。

3. 投资项目的事后审计与评价

企业内部审计部门应对投资项目进行事后审计,将投资项目的实际值与预期值进行对比分析,通过差异分析可以找出需要改进的地方。另外,根据审计结果,企业可以对投资管理部门的绩效进行评估,并制定相应的奖励机制和问责机制,以不断提升投资管理的效率。

二、企业营运资本管理

(一)营运资本的含义

营运资本,也称为"营运资金",营运资金有广义和狭义之分。广义的营运资金也称"营运资金总额",是企业流动资产的总额。狭义的营运资金也称"净营运资金",是企业的流动资产减去流动负债后的金额。通常情况下,企业在流动资产上投入的资金越多,其资金周转能力越强,风险也越大,但收益率会越低;反之,企业在流动资产上的投资越少,其资金周转能力越差,风险越低,但收益率会越高。因此,在管理营运资金时,企业应该在风险和收益之间找到一个平衡点。

(二)营运资本的特点

1.营运资本的周转具有短期性

企业投入在流动资产的资金通常在一年或一个完整的经营周期内可以收回,对企业影响的时间短,为此,企业可以通过多种短期融资的方式获得营运资金,如银行短期借款。

2.营运资本的实物形态具有变现性

应收账款、短期投资、存货等流动资产变现能力强,这些资产在企业需要时可以快速转化为现金,以满足企业的日常运营或应对突发情况。

3.营运资本的实物形态具有变动性

企业的现金、原材料、半成品、产成品、应收账款等各种流动资产在空间上是共存的,在时间上是依次变动的。因此,在管理流动资产的过程中,必须合理配置各种流动资产的比例,保证资金的顺利周转。

(三)营运资本的管理内容

流动资产投资政策和流动资产筹资政策构成了营运资本的管理内容。

1. 流动资产投资政策

流动资产的投资政策主要是确定企业应该在流动资产上投入多少资金,并让企业的每项流动资产和总流动资产都能够保持在适当的水平,从而提高资金的使用效率。企业的流动资产一部分是满足日常生产经营需要,另一部分是储备用于应对突发事件。

流动资产投资政策分为保守的、适中的和激进的流动资产投资政策三种。

(1)保守的流动资产投资政策

保守的流动资产投资政策是指在确定流动资产的数量时,在满足正常的生产经营和正常的保险储备所需的基础上,再加上一部分额外的储备量,以此来降低企业面临的风险,这种政策之下,企业获得的收益较低,面临的风险也较小。

(2)适中的流动资产投资政策

适中的流动资产投资政策指在确定流动资产的数量时,在满足正常的生产经营所需的基础上,适当地增加一定的保险储备,用以应对可能出现的意外情况,在这种政策之下,企业获得的收益适中,面临的风险也适中,正常情况下企业都会选择适中的流动资产投资政策。

(3)激进的流动资产投资政策

激进的流动资产投资政策指企业在确定流动资产的数量时,只考虑正常的生产经营需要,很少或根本不考虑保险储备,这种政策之下,企业的收益较高,但同时风险也较大。

2. 流动资产筹资政策

流动资产筹资政策主要是如何解决临时性流动资产和永久性流动资产的资金来源问题。所谓临时流动资产,是指受季节性或周期性因素影响的流动资产,如季节性库存、销售旺季的应收账款等。所谓永久性流动资产,是指为了保证企业稳定,即便是企业面临经营困难时,仍然需要保留的流动资产。

流动资产的筹资政策有保守的、适中的和激进的筹资政策三种。

（1）保守的流动资产筹资政策

保守的流动资产筹资政策,是指企业用长期资金(长期负债和权益资本)满足永久性资产(包括永久性流动资产和固定资产)和因季节性波动而产生的部分或全部的临时性资金需求。

与适中的流动资产筹资策略相比,在保守的流动资产筹资策略下,短期负债在所有资金来源中所占比例相对较低,这意味着企业可以保留更多的营运资金,从而降低到期无力偿还债务的风险,同时也降低了因短期利率波动而蒙受损失的风险。然而,在降低风险的过程中,企业的盈利能力也受到了影响。这是因为长期负债的资金成本超过了短期负债的成本,以及在经营淡季企业仍然需要支付长期负债的利息,这进一步导致了企业收益的减少。因此,保守的流动资产融资策略的风险和收益都相对较低。

（2）适中的流动资产筹资政策

适中的流动资产筹资政策,是指使用短期资金(短期负债)来满足临时流动资产的需要,用长期资金(长期负债和权益资本)满足永久性资产(如永久性流动资产和固定资产)的需要,确保资金的使用期限与资金来源的期限相匹配,适中的流动资产筹资政策被认为是一个理想的政策。

适中的流动资产筹资策略要求企业严密规划短期负债的筹资计划,确保资金使用的时间长度与偿还负债的时间一致,该策略通过协调资产和负债的到期日,以减少企业无法按时偿还债务的可能性,最大限度地降低债务带来的资金成本。在实践中,由于资产预期寿命的不确定性,很难实现资产与负债的完美匹配。

（3）激进的流动资产筹资政策

激进的流动资产筹资政策是指使用长期资金(长期负债和权益资本)来满足部分永久资产(如永久性流动资产和固定资产)的需要,而其余的永久性资产和临时性资产则用短期资金(短期负债)来满足。这种筹资政策下,企业的收益高、风险也高。

在激进的流动资产筹资政策的影响下,短期负债占企业所有资金来源的比例明显高于适中的流动资产筹资政策下短期负债占企业所有资金来源的比例。同时,短期负债的资金成本通常低于长期负债和权益资本的资金成本,因此在这种政策下,企业的资金成本相对较低。此外,为了满足永久性资产的长期资金需求,企业往往需要在短期负债到期后重新借债或申请债务延期。这将导致企业频繁举债和偿债,从而增加筹资的难度和风险。因此,激进的流动资产筹资政策是一种收益更高、风险更高的流动性资产融资策略。

第三节　企业利润与并购管理

一、企业利润

(一)利润分配的基本原则

利润分配是企业非常重要的一项工作,它涉及各方利益,关系到企业的生存和未来发展,在分配利润时,应该遵循以下原则:

1. 依法分配原则

企业缴纳所得税后的净利润是企业利润分配的对象。国家有关法律法规明确了企业利润分配的基本原则、分配顺序和分配比例,目的是保障企业有序分配利润,保护各方权益,促使企业增加积累,增强企业抵抗风险的能力。企业在进行利润分配时,必须严格遵守法律法规,依法分配。

2. 资本保全原则

企业在分配利润时必须保证资本不受侵蚀,利润分配是资本增值部分的分配,而不是返还资本金,因此,企业如果有尚未弥补的亏损,首先应该用净利润弥补亏损,然后再进行分配。

3. 充分保护债权人利益原则

为了维护债权人的权益,企业在分配利润之前必须偿清所有到期的债务,否则将不能分配利润。另外,在完成利润分配后,企业仍需保持一定的偿债能力,以避免发生财务风险,导致企业经营困难。此外,当企业与债权人签订某种长期债务契约时,其利润分配策略需要得到债权人的批准或审查才能实施。

4. 多方利益及长期和短期利益兼顾原则

利润分配涉及多个利益相关者,企业在分配利润时,必须平衡各方利益,努力保证利润分配的稳定。当公司利润实现稳定增长时,应增加利润分配的金额或比例。同时,出于对企业发展或资本结构优化的考虑,公司除了依法必须留存的利润外,还可以从长远发展的角度合理留用利润。在处理积累与消费的关系时,企业应遵循积累优先的原则,合理设置公积金提取与投资者利润分配的比例,让利润分配真正成为促进企业发展的手段。

(二)利润分配的顺序

1. 依法缴纳所得税

企业利润应当依法缴纳所得税。对于企业在计算所得税前需要扣除的项目,国家都有统一的标准,企业要严格遵守国家的规定。每个企业都有责任按照税法规定的税率按时足额缴纳所得税。

2. 税后利润的分配顺序

(1)计算可供分配的利润

将当年的净利润(或亏损)与年初未分配的利润(或亏损)相结合,计算出可分配的利润。如果可分配利润为负数(即亏损),则不能进行后续分配;如果可分配利润是正数(即该年度的累计利润),则可进行进一步分配。

(2)计提法定公积金

企业按抵减年初累计亏损后的本年净利润来计提法定公积金,因此,法定公积金提取基数不一定是可分配利润,也不一定是当年的税后利润,只有在年初没有累计亏损的情况下,才能根据当年的税后利润来提取法定公积金。法定公积金的提取比例为10%,当其累计金额达到注册资本的50%时,可以不再提取。法定公积金主要用于弥补企业的亏损,扩大再生产或转增为资本。

(3)提取任意公积金

与法定公积金不同,任意公积金是企业根据实际情况自行决定是否提取,法律不做强制要求,因此被称为任意公积金。企业任意公积金提取的相关规定需要通过股东会或股东大会审议,在提取法定公积金后,另外再从税后利润中提取一定的任意公积金。

(4)向股东(投资者)支付股利(分配利润)

如果企业股东会或董事会违反上述利润分配顺序,在抵补亏损和提取法定公积金之前向股东分配利润,必须将违反规定发放的利润退还企业。

上述利润分配顺序包含有下列逻辑关系:

第一,企业年度亏损可以用下一会计年度的税前利润补偿;如果下一会计年度的利润不足弥补,可以在未来五年内继续弥补;五年内不够弥补,可以用税后利润弥补,另外也可以使用以前年度的公积金来补偿。

第二,法定公积金是从净利润中提取,其主要目的是弥补企业的亏损,扩大企业的生产经营活动,或者增加企业的资本。企业分配当年税后利润时,应当按 10％ 的比例提取法定公积金。法定公积金累计达到企业注册资本的百分之五十时,可以不再提取。任意公积金的提取由股东会或者股东大会根据实际需要决定。

第三,当企业决定向股东或投资者支付股息或分配利润时,必须在提取公积金后支付。股息(或利润)的分配应该基于每个股东(或投资者)所持有的股份(或投资)的具体数量。每个股东(或投资者)获得的股息(或获得的利润)利润应与其持有的股份数量(或投资金额)成正比。原则上股份公司应当从累计利润中分配股息,无利润时不发放股息,这就是人们常说的"无利不分"的概念。但是,如果使用公积金弥补亏损后,为了维护其股票的信誉,也可以在股东大会特别决定后使用公积金支付股利。

二、企业并购

(一)并购的基本概念

企业并购指企业兼并与企业收购。企业兼并与企业收购这两者既有联系又有区别,虽然常被一起连用,但有必要分别加以界定。

1.兼并的概念

在《大不列颠百科全书》中,企业兼并的定义是:当两个或多个独立的企业合并为一个企业,通常是一个具有竞争优势的企业吸收一个或多个其他企业。通常是指企业通过现金、有价证券等方式购买并取得其他企业的产权,使其他企业丧失法人资格或变更法人实体,并取得对这些企业的控制权的经济行为。

2.收购的概念

收购是通过现金、债务或股票购买企业全部或部分股份(即股权收购)或资产(即资产收购),从而获得对企业全部或部分所有权的控制活动。收购的目的是取得对方的控制权,其法人地位并不消失。

(二)并购的动因

企业的并购行为不仅仅是基于单一的动因,而是综合考虑多种不同动因,实现多方面的并购利益。

1.谋求管理协同效应

如果企业管理团队能力超强,则可以去收购那些因为管理能力差而造成效率低下的企业,利用本企业的管理团队来提高收购企业的效率增加收益,从而提高企业的整体获利水平。

2.谋求经营协同效应

由于市场经济中存在规模经济或者经济互补性的现象,当两个或两个以上的企业合并时,其生产经营活动的效率将得到大幅度提高,这种现象被称为经营协同效应。要实现经营协同效应,一个关键的条件是行业内确实存在规模经济,而并购之前没有达到规模经济或一加一大于二的效应。

3.谋求财务协同效应

企业并购不但可以因经营效率提高而获利,而且还可以在财务方面给企业带来一些收益。

(1)减少交易成本

并购活动有助于企业实现横向或纵向的整合,从而减少了交易环节,降低了交易成本。

(2)降低企业资本成本

通常,并购企业只有在有剩余产能的情况下才会选择参与并购活动。通过在并购企业和被并购企业之间实施低成本的资金再配置,可以有效地降低资本成本。

（3）合理避税

税法通常包括亏损递延条款，如果一家企业在一年中出现亏损，它可以用税前利润弥补亏损，因此当一家企业在一年内出现重大亏损，或者连续几年没有盈利，积累了大量亏损时，它可能会被盈利较大的企业视为并购的目标，盈利企业以充分利用它进行合理避税。

4. 实现战略重组

当企业面对不断变化的外部环境需要战略调整时，可以通过并购的方式以较低的成本快速进入那些增长较快的行业。这不仅有助于分散企业风险，并且通过保持或扩大被收购企业的市场销售份额，保证企业的持续盈利能力，增强了资产安全性，最终实现战略重组。

5. 获得特殊资产

获得特殊资产也是企业并购的重要动因，一些特殊资产可能对企业的发展至关重要。如：土地就可能是特殊资源，一些优秀企业空间有限，难以扩张，而一些困难企业则拥有较多的土地或占有有利的地理位置。在这种情况下，优势企业可能会选择收购困难企业，以获得更多的土地资源。

（三）并购的程序

一般来说，整个并购过程可分为准备、执行、整合三个阶段。

1. 并购的准备阶段

在这一阶段，要通过对目标企业的经营状况及未来收益情况做并购的可行性分析，进行并购策划。准备阶段的工作包括：企业进行自我评估；企业对备选目标的基本情况进行分析；企业对并购依据进行分析；企业对并购可能性进行分析；企业筹集并购资金。

2. 并购的执行阶段

并购执行阶段的工作主要包括：聘请第三方对目标企业的价值进行评估，确定可接受的并购价；并购谈判并签订合同；并购合同的履行；发布并购公告，将并购信息公之于众。

3. 收购后的整合阶段

并购只是产权关系的一种变化，其成败的关键因素在于后续的业务经营。并购活动完成后,企业有必要构建新的股权调整方案或激励约束机制,以提高员工积极性。

第四节　企业的重组与清算

一、企业重组的分类

(一)扩张重组

扩张重组分为合并与兼并、接管或接收、标购等。

1.合并与兼并

合并和兼并是两种不同的企业整合方式,合并是指两个或多个企业共同签订协议,组成一个新的企业的行为。合并分为两种形式:吸收合并和新设合并。吸收合并是指两个以上的企业合并中,其中一个企业因吸收了其他企业而成为存续的企业的合并形式;而新设合并则是指两个或两个以上的企业通过合并创建了一个新的企业。兼并则是指一个企业通过交易获得其他企业的产权、控制权,被兼并的企业不丧失其法人资格。

2.接管或接收

所谓接管或接收,是指公司的大股东(通常是公司的第一大股东)出售或转让其股权,或其股权持有量被他人超越,导致其控制地位被替代的情况。

3.标购

标购也称要约收购,指收购方向目标企业的股东发出正式的要约(要约要列明收购的条件、价格、时间等具体细节),以特定的价格购买目标企业的股票。标购方在标购过程中需要承担一定的风险,如市场波动、监管审批等,因此需要具备足够的资金实力和战略眼光,以应对可能出现的各种挑战。

(二)收缩重组

收缩重组有资产剥离、企业分立以及股权出售三种方式。

1.资产剥离

资产剥离是指企业将其所拥有的资产、产品线、经营部门、子公司等资产出售给第三方,以获取一定回报的商业行为。这种行为在企业改制、战略调整、优化资源配置等过程中尤为常见。资产剥离并不意味着是企业经营失败,而是企业在发展战略上的一种决策。企业可以通过剥离不适合其长期战略、缺乏增长潜力或可能影响整体业务发展的部门、产品线或资产,将资源集中在优势业务上,从而提高竞争力。此外,剥离操作还可以帮助企业更有效地配置资产,从而提高企业资产的整体质量和资本在市场中的价值。

2. 企业分立

企业分立包括新设分立和衍生分立。新设分立是指取消原企业的法人主体资格,成立两个以上具有法人资格的企业。衍生分立指原企业的法人实体仍然存在,但其部分业务被分割,成立一家新企业。

3. 股权出售

股权出售是指企业将持有的子公司的股权出售给其他投资者。资产剥离是出售公司的资产或部门而不是股份,而股权出售是出售公司持有的子公司的全部或部分股份。

(三)破产重组

破产重组是指当企业资不抵债时,通过法律手段,在法院的监督和指导下,对债务人进行生产经营上的整顿和债权债务关系或资本结构上的调整,以挽救其生存并恢复其经营能力的过程。破产后企业重组一般有业务重组、资产重组、债务重组、股权重组、人员重组、管理体制重组等模式。

二、企业重组可选方案的具体实施

(一)经营性重组

1. 改变管理层

当现有的管理团队能力较弱,企业缺乏活力时,有必要改变管理层。新的管理团队要重新分析企业的优势和劣势,制定新的企业发展战略,改变经营理念,带领企业可持续发展。

2. 强而有力的财务控制

大多数困难企业的财务控制能力不强,财务管理水平不高。新的管理团队需要建立有效的财务管理机制,如建立预算管理机制,引进预算管理信息系统,对经济业务进行全过程管理和持续监督,并建立早期预警机制,以便及早识别和处理潜在问题。另外,聘请会计师事务所定期对企业进行专项审计,通过高质量的审计,促使企业财务管理水平的快速提升。

3.组织变革

组织变革的目的不仅仅是建立新的组织结构和优化管理流程,还要加强管理团队之间以及各部门内部的沟通,这种沟通是公开透明的,确保所有信息的充分共享。对于管理者来说,在组织变革的过程中,要调动员工参与变革的积极性,从员工的角度来考虑问题,了解员工对变革的看法,他们想什么,他们有什么要求,管理层需要根据员工的反馈调整组织变革策略和方法。对于员工来说,他们也希望了解变革的最新进展,只有当员工的个人利益与企业的愿景紧密结合,变革才能取得最佳的效果。

4.市场营销

因领导力不足而面临危机的企业往往缺乏好的营销策略。一个公司的销售团队应该由基于业绩的战略来驱动,要建立科学的绩效奖罚机制,奖罚机制要完成目标保住底线,提升公司销售团队的积极性。

5.降低成本

降低成本的最终目的是提高企业的盈利能力,创造更多的现金流入。通过成本控制让企业的直接成本低于竞争对手。为了增加企业的利润,通常可用的方法一方面通过提高销售价格,增加销售量来实现,另一方面可以通过成本的减少来实现。当企业发生亏损时,相比提高价格来说,控制成本可能更加有效。

(二)资本重组

1.降低资产投资策略

当企业重组时,可能会考虑采取减少资本投资的策略,撤出并出售固定资产虽然可以快速产生现金,将现金用于企业的核心业务上,但这种决策还是需要慎重考虑,因为在企业经济不景气的情况下,出售这些资产的价格通常大大低于正常销售的市场价格,确保其销售价值最大化也是至关重要的。

2.吸引新的资金

如何为企业吸引更多的资本注入是非常重要的事情,新的资金可以通过股权或贷款(或两者兼而有之)的形式加入企业。但不管哪种方式,都要先进行量化,确定资金需用量,然后对资金的使用要有清晰的计划。

3.债务重组

企业不能吸引到新的资本,或者新的资本注入正在进行时,企业可以考虑进行债务重组。对于高杠杆比率的企业来说,如果想要实现盈利或者保本的目标,债务重组可能是不可避免的。

4.兼并

企业的兼并取决于企业所在的行业以及其优势和劣势,例如,一家企业有强大的分销网络和营销团队,但制造产品方面的能力可能略有不足。同行业的另一家企业生产设备先进,但在营销和分销方面相对较弱。这时进行兼并,可能会实现 1+1>2 的效果。

(三)债务和解

当企业遇到财务困难无法按期偿还债务时,如果是技术性破产,企业的股东、投资者和债权人可能会通过一些措施来帮助其渡过难关。如果是事实上的破产,通常情况下,债权人也会选择协商解决债务。解决债务问题的方法有:

1.债务展期

债务展期属于非正式的挽救措施,是债权人与债务人之间达成的同意延长债务人到期债务的偿还期限的协议。债务展期作为挽救企业经营失败的方法,可以使企业继续经营并避免法律费用,尽管债务展期可能会使债权人暂时无法按时收回债权而遭受一些损失,但一旦债务人从困境中恢复过来,债权人不仅能够如数收回账款,还可能为企业带来长远效益。

2.债务减免

债务减免是指减少债务人的还债金额,使其只需偿还部分借款。这种措施旨在帮助债务人渡过难关,防止其因还债压力过大而对全部债务都不予偿还。债务减免的常见原因包括改善债务结构、帮助陷入困境的公司、提高公司竞争力、实现财务目标以及满足监管要求等。

如果债权人同意延长债务期限或履行债务减免,则表明债权人对债务人仍有信心,认为债务人有能力摆脱财务困境,从而对债权人产生积极影响。

3. 自愿清算

如果债权人对债务企业的财务状况进行深入调查和分析后,认为企业的财务风险很大,没有继续经营的必要,则清算可能成为企业的唯一选择。清算有自愿清算和非自愿清算两种不同的处理方式。自愿清算是指债权人和债务人通过私下谈判解决其债权和债务。非自愿清算是通过正式的法律程序完成的。为了避免烦琐而耗时的法律程序和高昂的法律诉讼费用,债权人往往更愿意接受自愿清算。一旦清算程序结束,因财务问题而破产的企业将被正式解散,不复存在。

三、企业清算

(一)清算财产的估价和变现

清算财产是指用于偿还企业无担保债务并分配给投资者的资产。这包括企业在宣布清算时所拥有的可用于偿还无担保债务和分配给投资者的所有表内和表外财产,以及在企业清算期间根据法律规定收回的财产。

1. 清算财产的估价

清算财产估价的方法有以下几种:

(1)账面净值法

账面净值法是企业清算前资产的原账面价值减去账面损失后的剩余价值。账面净值法是一种基于历史成本原则的计算方法。虽然这方面看起来简单明了,但它容易受到某些人为因素的干扰,并可能导致与实际情况不完全匹配的偏差。在实际清算过程中,很少采用这种方式。

(2)现行市价法

现行市价法是基于相同或类似资产的实时市场价值和基于资产的历史和当前状态的价值评估策略。

(3)招标作价法

招标作价法是通过招标进行价值评估的方法。

（4）收益现值法

收益现值法是将资产未来收益的现值折算或资本化，得到资产现值的一种计算方法。

（5）清算价格法

清算价格法以清算价格作为确定价值的标准，清算价格通常是指企业出售的资产在清算当日预计能迅速变现的价格。

（6）变现收入法

变现法是一种基于交易价格或出售和处置清算财产的收益来评估价值的方法。

2. 清算财产的变现

财产清算变现主要有两种方式：整体财产变现和单项财产变现。在财产清算变现时，必须遵守以下基本原则：对于可以整体变现的财产，避免单项变现；法律禁止或者限制自由买卖的资产，不得在市场上出售；在变现过程中，尽量选择较高的价格出售。

（二）债务清偿和剩余财产分配

1. 清算费用和清算损益

企业进行清算工作需要支付的各种费用称为清算费用。清算过程中发生的费用应首先由清算财产优先支付，支付方式分为企业预付和清算机构垫付两种。

清算过程中的净损失和净收益统称为清算损益。如果清算收入超过清算损失和清算费用的部分就是清算净收益，反之，清算收入低于清算损失和清算费用的部分就是清算净损失。

2. 债务的清偿

根据担保条件的不同，企业担保债务可以分为信用担保和财产担保两大类，这两种债务都应按照有关规定先清偿，其他无担保的债务按照既定程序偿还。

3. 剩余财产的分配

债务全部清偿后的剩余财产，属于出资人的财产，应按有关规定进行分配。

第三章　财务管理信息系统

第一节　财务管理信息系统概述

一、管理信息系统

　　高登·戴维斯在 20 世纪中后期首次提出了管理信息系统的概念。他认为管理信息系统是一个介于用户和机器之间的系统,依靠计算机硬件和软件的人工操作进行分析、规划、控制和决策模型和数据库。随着信息技术的不断进步,管理信息系统的内涵也在不断地更新。管理信息系统是由人员、信息处理工具和操作程序组成的系统。它以信息基础设施为主要运行环境,通过信息的采集、传输、存储和处理,为企业提供最佳的战略决策。在这个定义中,明确了构成管理信息系统的三个核心要素。其中,"人"既是第一位的,也是最关键的部分,人不仅是信息系统的使用者,同时也是信息系统的策划者、管理者和操作者。

二、财务管理信息系统

(一)财务管理信息系统的定义

　　管理信息系统可以分为四个不同的层次:TPS(事务处理系统)、MIS(管理信息系统)、DSS(决策支持系统)和 AI/ES(人工智能/专家系统)。

　　最基本的事务处理系统是用来存储和记录公司活动的基础数据;管理信息系统的主要功能是对各种信息进行整合和简单分析;决策支持系统的主要功能是为企业管理人员提供决策支持的相关信息;人工智能/专家系统的主要功能是提供信息的反馈、管理和控制。完整的财务管理信息化本质上是决策支持系统与人工智能/专家系统的有机融合。它以管理信息系统提供的数据为基础,生成支持决策的信息,通过系统控制实现财务管理和控制。

到目前为止,学术界对财务管理信息系统的具体定义还没有达成统一的认识。从系统论的角度来看,财务管理信息系统的定义应该包含财务管理信息系统的目标、构成要素和功能三个方面。

(1)企业的财务管理目标是财务管理信息系统的最高目标,财务管理信息系统的最终目标是追求企业价值的最大化,这个目标通过财务管理信息系统为企业的决策过程提供数据支持间接的实现。

(2)财务管理信息系统的构成要素包括信息技术、数据、模型、方法、决策者和决策环境几个部分。

(3)财务管理信息系统的主要功能是进行财务决策和实施财务控制两个方面,财务决策和财务控制是现代财务管理的基本职能,其他职能都是这两个职能派生出来的。

财务管理信息系统可以定义为:在信息技术和管理内部控制的背景下,由决策者主导收集数据支持决策,建立财务决策的决策模型,并将决策转化为财务控制,以企业价值最大化为目标控制经营活动的管理信息系统。

(二)财务管理信息系统的特点

1.财务管理信息系统的动态性特征

企业的财务管理活动是由企业所处的财务管理环境决定的,而这种环境是不断变化的。企业的财务决策和内部控制策略是由企业战略决定的。因此,财务管理信息系统没有统一的标准,不同企业之间难以相互参照,这也就决定了财务管理系统具有动态性的特征,它随着企业战略目标和财务管理环境的变化而变化。

2.财务管理信息系统的建设由中高层管理人员主导

财务管理信息系统主要服务于企业中高层管理人员,支持其决策活动。因此,财务管理信息系统需要进行大量的分析比较和智能处理,这就决定了财务管理信息系统的建设效果是由企业决策者主导的,企业中高层管理人员的认识高度和决策需求在一定程度上影响系统建设的深度和效果。

3.财务管理信息系统与其他管理信息系统的联系密切

财务管理信息系统是企业信息系统的重要组成部分,决策支持所需要的数据来自其他多个不同的信息系统,因此财务管理信息系统需要实现与其他信息系统的数据共享或系统集成。财务控制的执行也离不开每个业务系统,各业务系统需要具备将财务计划、财务指标等控制措施"嵌入"到自身信息系统中的能力,协同财务管理信息系统实现控制功能。

4.财务管理信息系统具有高度的开放性和灵活性

财务管理信息系统之所以要具有高度的开放性和灵活性,是为了更好地适应变化复杂的决策环境和各种财务管理模式。首先,企业的财务管理信息系统应满足管理层能够制定个性化的决策流程和控制方法,以便根据各种需求构建或优化企业的财务管理流程;其次,财务管理信息系统应具有兼容多个数据库管理系统和异构系统的能力;最终,财务管理信息系统需要具有良好的可扩展性和可维护性,以实现财务管理的动态调整。

(三)财务管理信息系统的基本运行模式

财务管理信息系统的运行过程可分为四个主要阶段:财务决策环境的分析阶段、财务决策的制定阶段、财务决策的执行阶段和财务决策的控制评价阶段。这四个阶段都需要在特定的企业环境和信息技术的支撑下完成,同时又相互联系,共同构成了财务管理信息系统的基本运行模式。

在财务决策环境分析阶段,需要对财务决策进行全面的风险评估,明确决策的目标、各种制约因素以及实现这些目标所需的关键步骤。这是财务决策的准备阶段,也是财务管理信息系统运行的第一阶段,在这阶段利用信息技术平台,获取所需的数据,并将其整合到财务决策过程中。

财务决策的制定阶段,主要的任务是构建财务决策模型,通过模型对相关的数据和信息进行对比和分析,从众多方案中选择最佳方案,并制定了相应的计划、指标和控制标准。

财务决策执行阶段,需要根据现有的决策方案制定预算,合理配置资源,保证财务决策的顺利进行,包括执行进度、资源消耗情况等。

财务决策控制评价阶段,我们将结果与预先设定的控制指标进行比较分析,如果差异较大,要深入分析原因,进行相应调整。如果是决策错误,则需要重新制定决策;如果是决策的执行存在问题,则需要重新评估决策环境。

第二节　财务管理信息系统建设

企业财务管理的转型离不开财务管理信息系统的建设或者升级,企业财务管理信息化系统的建设有五个阶段,分别是会计核算软件、财务软件集成、财务业务集成、管理会计信息化、财务数字化建设五个阶段。目前,我国大多数企业正处于财务业务集成阶段,也就是常说的财务业务一体化阶段,主要是在企业资源计划(ERP)和财务共享服务中心建设的基础上,通过信息系统建设、流程再造等手段,实现业财融合。

财务管理信息化建设是一个非常复杂的过程,它不仅仅是一个系统的上线,更重要的是系统上线的过程中伴随着组织架构的变化、业务流程的再造、内部控制方式的改变,甚至管理理念和管理思维的更新,它是一个技术因素和管理因素并存的复杂项目。在信息技术变革日新月异的时代,财务管理信息化建设正处于机遇与挑战并存的发展时期,企业需要把握机会,加快信息化建设,从而推动财务的成功转型。

财务管理信息化在建设过程中的问题集中体现在系统设计环节和财务信息化实施环节,具体包括:

一、财务管理信息系统设计方面存在的缺陷

财务管理信息系统是针对企业价值管理的信息系统,是对企业经济活动中的价值运动进行反映和监督、提高信息处理能力和满足管理需求的系统。传统的财务管理信息系统在设计上存在以下问题:

（一）功能定位注重会计核算而忽视财务监督管理

企业财务部门一直将自身的功能定位定为会计核算，因此，早期的财务软件都是为满足会计核算需求而设计的。传统的会计信息系统基本上只关注如何利用计算机操作来提高会计核算的效率，以及如何利用信息系统中各种数据之间的勾稽关系来保证会计信息可靠，而忽视了会计的另外一项基本职能——会计监督。目前，财务人员的工作思维还是定位在核算，注重对系统中数据的报告，而不是对数据的分析，不能起到监督的作用。因此，如果财务信息化一直停留在财务会计核算子系统，而不能延伸到会计的监督与控制职能，那么也就限制了发展财务信息化的意义。

（二）业务信息和财务信息的集约化程度低

财务管理信息系统的设计最早的目的就是减轻会计人员工作量、提高会计核算效率，所以在流程设计与传统的人工会计账务处理流程大同小异，没有真正实现信息技术的价值，建设的结果是财务管理系统与业务系统没有有效连接，各自为政，财务系统往往独立于其他业务系统，二者之间无法进行数据交换、信息共享。财务信息化成功的关键在于如何应用信息技术驾驭企业在采购、生产、销售、预算、控制等方面的所有经济信息，这单靠会计信息系统是不够的，企业各部门尤其是业务部门必须将其业务信息纳入财务管理系统的范畴，将系统功能延伸到企业经营和管理的各方面，形成覆盖整个企业业务与职能活动的管理信息系统。

（三）无法满足管理需求

传统的会计信息系统环境下，当一项经济业务发生后，经过财务的报账、记账、结账、形成明细账及总账，最后形成会计报表，财务信息只能单向地从原始数据到会计报表，难以从会计报表逆向还原到财务凭证，不能再看到这项经济业务的原貌，最终提供给信息使用者的会计报表，只能说明企业的经营成果，而不能详尽反映企业经营成果的实现过程。

（四）财务数据治理能力不足

财务数据治理能力不足最直接的现象就是数据孤岛问题突出，以及财务数据统一性不强。会计数据本身之间、会计数据与业务数据之间时常处于割裂状态，形成数据孤岛。当业务发生时，数据在不同的信息系统按照各自的流程、方法进行分类,然后储存在多个不同的数据库中,不同系统之间的数据无法共享和关联,增加了跨部门数据合作的沟通成本,并且不利于数据治理。

二、财务管理信息化建设实施环节存在的问题

在系统建设前期,企业最容易出现的就是信息化项目论证不足、系统选型失败的问题。市场上功能相似的同类产品的品种纷繁复杂,既有成熟的经典产品,也有刚研发出来的新兴产品;既有国外厂商研发的产品,也有国内厂商研发的产品,产品系统各具优势。企业如果没有对自身的需求做深入细致的分析,没有对产品做认真的研究,而是过分相信"标杆法",成功企业选什么就跟着选什么,最后容易导致所选择的信息系统与企业的实际管理需求存在差别。

在系统建设过程中,企业最容易出现的是财务人员信息化素养不高,没有信息化思维,在整个建设过程中没有结合工作需要对产品进行打磨和深度开发,往往出现供应商给什么功能就用什么功能,最后系统建成后在使用过程中才意识到诸多功能需要进一步优化,严重影响系统的建设效果。

在系统建设完成后,后续的运行维护不到位是比较突出的问题。相当一部分企业缺乏系统维护的意识,认为会计信息系统建设只要正常使用就能实现财务信息化的目标。结果是系统经常出现漏洞,严重损害了系统的稳定性与安全性,既增加了企业的资金投入,也影响了财务管理的效率。缺乏维护还将导致企业财务信息在通过网络传输中安全防范措施薄弱,容易造成对数据的恶意攻击或修改,给企业的经营和发展带来数据安全风险。

第三节　信息时代的财务管理平台

一、财务管理信息化中的主要信息技术

财务管理信息化除了构建信息平台的基本技术外,还需要应用其他

信息技术以更好地完成财务管理目标。

(一)因特网、企业内部网和企业外部网技术

1.因特网技术

因特网技术是一个全球性的计算机网络系统,它通过基于特定通信协议,通过各种通信线路将分散在不同地点、不同功能的计算机或计算机网络在物理上连接起来。基于通信协议的互联网技术是世界上最大的国际计算机网络。人们可以通过因特网发送和接收电子邮件,远程访问系统资源,传输文件等。在企业内部,各部门和企业可以通过因特网实时、便捷地共享各类信息,从而实现低成本集成和协同管理的目标。

2.企业内部网技术

企业内部网络系统是基于因特网连接技术,将企业内部的计算机或网络连接起来的专门的内部网络平台。企业内部网络只负责在企业内部传递和交换信息和数据,涉及企业内部经营管理的各个方面。

企业内网的所有用户使用相同的浏览器,企业的各种信息都能显示在企业内网上,从而使企业内部各部门之间的沟通与协作变得更加顺畅、高效。此外,在企业内部的网络环境中,所有的信息都存储在一个统一的位置,这使得公司内部的信息存储更加方便,保证了内部信息的高效共享和信息的动态交互访问。

3.企业外部网技术

企业外部网采用因特网技术将公司内部网与外部销售代表、供应商、合作伙伴等连接起来,构建信息交流网络。价值链上的多家企业共享一个封闭的网络环境,这不仅使企业之间的信息交换和网上交易更加方便和高效,而且有助于降低网络安全问题带来的潜在风险。

(二)电子商务技术

随着信息技术的不断发展和进步,全球经济一体化也在不断深化,因此电子商务的概念和内涵也在不断变化。电子商务是一种基于现代信息网络的新型商务活动,一切商品和服务的交易活动都是通过信息网络进行的。

从企业的角度来看,电子商务既是一种面向外部市场的商业行为,也是一种面向内部的经营管理活动。在企业外部,可以通过互联网上的电

子数据交换来实现所有的商业活动,包括广告、网络营销、业务协作和售后服务。在企业的内部,企业可以利用信息化、网络化管理内部事务。

(三)数据仓库、数据挖掘与商务智能技术

1.数据仓库

数据仓库不是数据库,数据仓库是一个庞大的数据集合,它集成了用于决策的多种数据源。数据仓库面向的是决策,用于管理层管理决策信息并进行分析,可以使用数据挖掘技术从数据仓库中提取决策分析所需的关键信息。

2.数据挖掘

数据挖掘是从大量数据中提取有用信息通过分析并对未来进行预测的过程。

3.商务智能技术

商务智能技术通常被定义为通过信息技术收集、管理、分析信息和数据的过程或工具。商务智能技术旨在提高决策质量,增强决策过程的及时性、准确性和可行性。

(四)信息系统集成技术

集成是指将系统或系统的核心要素连在一起形成一个统一的整体。集成技术被用来构建复杂的系统以及解决复杂系统的效率问题,集成信息系统可以优化企业的业务流程,对绩效进行动态监控,有效解决信息孤岛问题。

根据信息层次的不同,信息系统集成可以分为三类:物理集成、数据和信息集成、功能集成。物理集成是指构建的集成平台要包含硬件基础设施和软件系统,实现系统运行和开发环境的完全集成;数据和信息集成是指对数据信息进行集中统一规划、存储和管理,从而实现不同部门、不同层次之间的信息共享;功能集成是对各部门的功能进行统一规划和分配,实现各部门功能的协同处理。

二、财务管理信息系统的技术平台

财务管理信息系统的技术体系结构是由多种网络化的基础设施设备和软件系统组成的。该系统由硬件基础设施、配套软件系统、应用软件系

统、企业应用模型、企业个性化配置系统和安全保障系统六个主要部分组成。

（一）硬件基础设施

硬件基础设施是指构建财务管理信息系统所需的硬件设备，它为财务管理信息的稳定运行提供了必要的硬件环境。财务管理信息技术平台依靠硬件基础设施作为物质支撑，这也是实现财务管理信息化的基本条件。

（二）配套软件系统

配套软件系统构成了财务管理信息平台的核心软件部分，包括网络操作系统、数据仓库和各种工具软件，数据仓库软件系统的稳定性直接关系到应用系统和系统业务内容的安全性。

（三）应用软件系统

企业根据自己的实际需求选择并实施的财务管理信息系统称为应用软件系统，如固定资产管理系统、供应链系统、预算管理系统、成本管理系统等。

（四）企业应用模型

企业应用模型是指企业信息化过程中所使用的模型，企业可以根据自己的实际情况和需求定制应用模型，包括业务模型、功能模型和组织结构模型，并可以使用相应的配套软件平台来定义这些模型的功能系统、组织架构、系统参数配置等。

（五）企业个性化配置系统

企业个性化配置系统可以根据企业的应用模式选择系统中满足企业管理需求的功能需求，并根据应用模式的需要配置各种参数，从而构建既符合企业特点又满足企业需求的个性化系统。

（六）安全保障系统

财务管理信息技术平台和信息处理内容的安全保障是由所有相关要素组成的一个系统，统称为安全保障系统。安全保障系统包括全面的风险评估与分析、安全保障技术、安全控制措施、安全机制、信息安全组织、安全产品等。

三、大数据背景下企业财务管理信息平台的建设

(一)大数据背景下企业财务管理工作存在的问题

1.数据分析关注点发生变化

大数据技术是一种新兴的大规模数据处理技术,与传统的数据处理软件相比,大数据技术在数据采集、存储、管理、分析等方面,都有明显的超越。从数据结构上看,它主要由结构化数据和非结构化数据组成。其中,结构化数据不仅质量好,而且准确性高,但在数据覆盖方面有一定的局限性;非结构化数据因其丰富的内容而备受关注,企业可以对大量的非结构化数据进行收集和处理,挖掘其潜在价值,并将这些价值作为决策的参考依据。从目前来看,企业在非结构化数据领域已经有了一些尝试,但结构化数据分析仍然是占主导地位。

2.数据收集与整合难度增加

大多数企业仍然使用传统的财务管理方法,在数据收集和整合方面仍然面临许多困难。在大数据技术的支持下,财务人员可以从宏观角度对经济活动进行全面深入分析,可以充分利用各种数据分析工具,挖掘数据的价值,深入研究数据与各种经济活动之间的关系,从而构建互联、互通、共享的数据模型。因此,为了方便数据收集和整合,企业应该利用大数据技术来优化和创新财务管理模式,搭建一体化的财务数据分析平台,更全面、准确地收集和处理数据,同时提高整体工作效率。

3.财务管理与经济业务的分离

在企业的日常管理中,经常会出现业务流、资金流、信息流不同步的情况,财务部门与业务部门之间的配合度不高,部门之间的沟通不畅通,协同效果不佳,这极大地限制了企业财务管理作用的发挥。在这种情况下,各个部门通常根据自己的需要来收集和处理数据,财务部门获取的相关数据的完整性和可靠性难以保证,使得财务管理团队难以深入了解企业产品研发情况、市场需求、项目进度等非财务信息,从而影响最终数据分析的准确性。

4.财务信息披露滞后

在大数据时代背景下,信息披露不能满足现代企业管理的需要,这也

是企业财务管理面临的问题之一。企业财务人员按照财务制度定期编制财务报告,由于相关财务信息获取的不足和滞后,实际的财务报告并不能全方位反映企业的经济活动,这种情况使得财务信息使用者仅依靠财务报告难以及时了解和满足企业多元化的需求,在一定程度上会影响企业发展。

5.忽略财务管理信息平台的重要性

随着大数据时代的到来,企业财务管理信息平台的建设是企业发展过程中的必然趋势。由于建设财务管理信息平台是一项长期的任务,需要投入大量的资金、物力、人力,并且短时间难以体现其价值,一些企业的管理层没有真正认识到财务管理信息系统对企业发展的促进作用,重视程度不够,直接影响了财务管理信息化建设工作的开展,而且可能使企业的发展滞后于时代。

(二)大数据背景下企业财务管理信息平台构建的基本原则

1.市场需求导向原则

从传统会计信息获取的角度来看,由于财务管理与业务工作之间存在一定程度的脱节,企业在做出决策时通常会有一定的时间延迟。在大数据背景下,所有企业都应该坚持以市场需求为导向的原则,通过对市场真实需求的深入分析,为企业的财务管理信息化建设提供明确的方向。此外,通过将大数据技术与企业财务管理紧密结合,可以提高财务管理的精细化程度,为企业的日常生产经营提供支持。

2.业财融合原则

在大数据环境下,企业财务管理信息平台的建设不仅仅是优化管理流程,还需要在现有的基础上不断创新。企业应该主动分析自身的内部管理需求和外部监管需求,结合经营管理状况、内部控制流程等关键因素,推进财务管理信息化建设工作的开展,从而实现生产过程和财务管理过程的协同,搭建信息互联互通平台,建立业务信息和财务信息集成的数据库,企业根据战略发展目标,利用财务和业务数据进行科学的财务预测、业务预警等,助力企业快速发展。

3.信息共享原则

实现企业内部相关信息的高效传递和数据的共享,提高企业内部管理的效率是创建企业财务管理信息平台的主要目的。企业应将财务管理信息平台作为数据传输的重要平台，在该平台上进行数据的处理、计算、共享和传输等相关活动。这样做不仅有助于企业业务系统与财务系统的高效集成，还可以根据企业外部业务的实时变化及时更新内部数据，避免信息失真及滞后的情况，确保其参考价值得到充分发挥。

(三)大数据背景下企业财务管理信息平台构建的策略

1.建立动态化的信息反馈机制

企业应建立动态信息反馈机制，充分利用大数据技术的优势，实现企业内部各种信息的及时反馈，从而实现内部数据的动态管理。企业在构建财务管理信息平台的过程中，需要设计专门的信息处理系统，以保证相关工作人员能够有效地利用系统查询到所需要的信息，并且能结合具体的任务目标，对收集或查询到的信息进行高效的处理和反馈。在大数据技术的支持下，企业的财务人员可以利用信息处理系统及时了解数据的最新变化，将最新的数据信息分析整合后及时上报给企业管理层，让管理层根据最新信息做出决策，保证决策的时效性。为了充分发挥动态信息反馈机制的作用，企业管理者需要加强对信息数据的认知能力，接收到数据信息经分析后要给财务管理平台系统反馈，发布操作指示，从而优化财务管理流程，提高工作效率。

2.建立完善的预算信息管理体系

为了进一步优化和完善企业财务管理信息平台，企业还应该对预算信息管理系统的建设和优化给予足够的重视。

在具体的实施活动中，企业应根据有关法律法规合理编制财务信息。为保证财务预算信息的科学性和完整性，应由具有专业知识的人员负责该岗位的各项工作，从而提高预算编制和预算审核的质量。企业在构建财务管理信息平台的过程中，还必须对现有数据分散、难以严格执行等问题进行及时整改。例如，对于预算信息难以收集的问题，可以通过建立科学的预算评价和考核体系来解决这些问题，这也有助于解决企业内部战略管理系统中预算信息数据的分散问题。此外，在企业内部的战略管理体系中，各项业务的动态变化也对预算管理起着关键作用。通过科学的分析方法，对预算进行有效的控制，保证财务管理人员能够及时收到预算控制报告的反馈。企业还可以根据不同的职责为管理者匹配不同的预算考核周期,并利用预算考核和考核报告为管理者进行相关的经济决策提供参考,从而为企业的经营管理奠定坚实的基础。针对预算信息分析不够深入的问题,企业可以利用相关信息处理技术对预算信息数据进行随机抽查,并利用智能业务系统将其转化为直观的信息,这样可以方便相关人员进行分析工作,从而提高工作效率。

3.搭建财务信息数据共享平台

通过大数据信息技术构建企业财务管理信息平台可以帮助企业实现内部财务共享模式的发展目标,从而促进财务管理工作信息化建设水平的提高。通过各类财务数据信息的共享,不仅有助于提高企业的管理质量,而且可以提高内部财务信息的使用效率。在财务管理信息平台的支持下,企业财务数据的标准化水平显著提高。与以往的财务管理方式相比,可以从财务会计项目、财务信息系统、财务数据接口等多个方面进行综合规划,进一步加强了企业内部财务数据信息的交换和共享,消除企业内部的数据和信息壁垒,防止信息孤岛的发生。

4.创新企业财务风险管理机制

企业财务管理不仅要加强对内部财务数据的管理,也要注重加强内控管理,提升公司规避财务风险的能力。在大数据背景下,企业可以利用大数据技术全面提升企业的数据分析和风险识别能力,积极推进财务风险管理的创新措施,建立高效的财务风险数据筛选机制,解决传统模式下风险识别和评估数据量不足的问题,构建财务风险预警模型,有效预测企业可能面临的风险。企业还可以利用系统中的相关数据,深入挖掘风险问题产生的根源,帮助企业更有针对性地解决问题,从而提高企业财务风险管理的效率和水平。

四、企业财务云平台

财务云,是在财务共享服务管理模式基础上,融合了大数据、人工智能、移动互联、云计算、物联网等新技术的一种服务模式。该模式可以对大量重复、碎片化、分散的财务信息数据进行集中处理,并通过财务共享中心实现财务数据的实时共享,从而协助企业实现财务工作的流程化、专业化。它能为用户提供"5A"式财务服务体验,即任何时间、任何地点、任何人都可以通过任何工具获得财务服务。

(一)财务云平台优点

1.实现管理的高效便捷

财务云允许用户随时随地通过网络访问和管理财务信息,无须进行烦琐的安装和配置。这使得企业的管理人员和财务人员可以更加便捷地获取和处理财务数据,从而提高了工作效率。

2.保证数据安全

云存储财务软件通常具有强大的安全防护系统,能够有效地保护用户数据,避免数据泄露和丢失的风险。此外,云存储财务软件还提供了自动备份和容灾恢复功能,确保数据的安全性和可靠性。

3.节约运营成本

与传统的本地存储系统相比,云存储财务软件通常采用按需付费的形式,用户无须支付昂贵的硬件成本和维护费用。这大大降低了企业的运营成本,尤其对于中小型企业来说具有显著优势。

4.保持持续创新

云存储财务软件通常由具有雄厚实力和技术的科技公司提供,这些公司不断投入研发和创新,为用户提供更加先进和便利的功能和服务。用户可以享受到及时的安全更新和技术支持,以满足不断变化的市场需求。

5.有助于环保节能

云存储财务软件通过提高设备的利用率和资源的共享,减少了企业使用服务器和存储设备的数量,从而降低了能源消耗和碳排放。这有助于降低企业的环境负担,符合可持续发展的理念。

6.保证数据的实时性和准确性

财务云管理系统可以实现财务数据的实时采集、处理和分析,保证财务数据的准确性和完整性。这使得企业能够随时跟踪和监控财务数据,提高财务效率。

7. 操作灵活性和易用性

财务云管理系统提供了高度的灵活性和易用性,用户可以根据实际需求自定义设置各种财务报表和指标,进行多维度的财务分析和比对。同时,系统界面简洁直观,操作简单易懂,无须专业财务知识即可上手使用。

8. 系统的集成性和扩展性

财务云管理系统可以与企业的其他管理系统进行集成,实现数据的无缝对接和互通。此外,系统具有较强的扩展性,可以根据企业的发展需要进行升级和扩展,满足不同规模企业的财务管理需求。

9. 提升企业数据价值

财务云利用其先进的数据处理和分析能力对企业数据进行集中管理,实现数据有效共享,为企业决策提供业务动因分析以及相关指标分析,使决策更加科学合理。

(二)财务云

财务云作为一种创新的财务管理模式,虽然带来了许多优势,但也存在一些潜在的缺点。以下是一些常见的财务云缺点:

1. 网络稳定性的问题

财务云依赖于稳定的网络环境来运行。如果企业所在地区的网络环境不稳定或出现故障,可能会导致软件使用效果不佳,甚至影响财务处理和决策。

2. 迁移成本高

一旦企业决定使用财务云,其财务管理将高度依赖于云服务提供商。如果企业需要更换提供商或决定回到传统的财务管理方式,可能会面临高昂的迁移成本和复杂的操作过程。

3. 服务质量问题

由于财务云服务是通过互联网提供的,因此服务质量可能受到网络延迟、带宽限制等因素的影响。这可能会影响用户的使用体验和数据传输效率。

需要注意的是,以上缺点并非所有财务云系统都存在,而且不同的财务云提供商在服务质量、功能等方面可能存在差异。因此,在选择财务云系统时,企业需要根据自身的需求和实际情况进行权衡和选择。

(三)优化财务云平台运用的对策

1.推进财务云平台建设

首先,企业管理层需要对财务云平台有深入的了解和研究,只有管理者深刻认识到财务云平台在企业运营和财务管理中的重要性,并愿意为其建设提供必要的资源,企业才能构建完整的财务云平台。其次,我们将讨论构建财务云平台的需求。财务云平台的成功建设离不开专业人才的全力支持。因此,企业需要深入了解自己需要的人才类型,积极寻找适合自己的人才资源。人才的短缺无疑会对企业财务云平台的建设产生负面影响。目前,我国企业的专业人才大多集中在业务领域,而数字和算法领域的人才相对稀缺,这直接影响了财务云平台的建设及其后续升级进程。最终,企业在构建财务云平台的过程中,需要进一步优化现有的内部控制体系,实现与新的管理体系的无缝融合。在制定流程设计时,必须综合权衡各种因素,以确保财务云平台更好地适应公司的内部控制需求,满足公司的战略目标。

2.合理安排人员设置

财务云平台对其人员配备提出了新的标准,要求相关人员对财务和业务领域都有深入的了解,以便财务云平台更好地实现其财务管理职责。为了确保财务人员能够高效地使用财务云平台,企业有必要对财务人员进行专门的培训,以提高财务人员的信息技术操作能力。为了保证业务人员上传数据的准确性,帮助财务人员更有效地管理财务信息,业务人员需要深入学习财务相关的专业知识,掌握财务活动所需的具体内容。

为了更好地适应财务云平台的需求,企业应根据各自的业务需求对部门进行重组,改革传统的业务部门和财务部门的分类方式。这样既提高了信息的准确性和及时性,又进一步明确了各部门的职责。在人员配置上,我们不仅希望每个员工都能在自己认为合适的岗位上工作,对于那些工作内容相对单调的数据录入任务,我们可以考虑实行轮岗制度,这样可以有效地减少人员流动的情况。通过实行轮岗制度,员工可以在多个不同的部门工作,既保持了员工对工作的新鲜感,又激发了员工的工作热情。

3. 加强网络安全

财务云平台是网络信息产品,存在信息泄露、操作系统账号被盗、备份丢失等风险。如果出现这些问题,将给企业造成巨大的损失,不利于企业的稳定发展。这也是一些企业不愿意使用财务云平台的原因之一。针对信息泄露问题,企业有必要建立防火墙,正确使用杀毒软件,采取有效的网络保护措施。同时,各企业应根据信息的重要性对其进行分类,并通过授予相应的权限来确保信息的安全性。每个员工都有自己的代码,要访问这个存储库,他们必须登录并不断受到监视。我们需要对员工进行系统操作的培训,提高他们的风险意识,确保账户不被出借或非法使用。数据是企业的核心,只有备份数据,企业才能持续健康成长。在进行数据备份时,建议将云备份与介质备份相结合,为数据提供"双重保护"。为了确保历史数据不丢失,我们建立了数据篡改后的恢复机制。当有数据输入时,系统开启实时保存功能,保证数据备份的有效性。

4. 规范流程设计

在制定工作流程时,我们会参考财务和业务人员的建议,确保流程的设计与实际操作一致。标准化流程设计不仅是为了优化财务云平台的运营流程,也是为了明确每个企业成员的具体职责。财务和业务流程在企业的各个部门和管理层中起着至关重要的作用。为了保证财务和业务的顺利进行,关键是细化每个员工的任务,确保他们对自己的职责有清晰的认识。接下来,我们分解整个流程,一步一步地安排,确保每个岗位都有具体的职责。因此,当财务云平台出现故障时,可以快速解决问题并联系相关人员,使整个操作流程更加清晰,从而帮助企业更高效地进行财务管理。

第四节　财务管理信息系统的开发利用

一、财务管理信息系统的开发方法

财务管理信息系统的开发方法详细描述了软件开发的各个阶段,包括具体的工作方法、文档格式和评价标准。一旦确定了信息系统的开发方法,就需要按照特定的开发方法对系统进行开发。在系统开发中,常用的方法包括结构化系统开发方法和面向对象的开发方法两种。

(一)结构化系统开发方法

结构化系统开发方法是目前常用并且比较成熟的方法,系统开发的生命周期通常分为五个阶段,分别是:系统规划、系统分析、系统设计、系统实施和系统运维。

(1)系统规划阶段。根据系统开发的需求进行初步调研,明确系统开发的目标和总体框架,明确开发过程中各个环节的实施方法和可行性分析评估,编制可行性分析报告。

(2)系统分析阶段。围绕系统开发的目标,对系统进行深入的研究分析,并通过系统分析建立系统的逻辑模型。系统分析阶段的主要任务是对管理业务流程和数据处理流程进行深入研究,并在此基础上生成系统分析报告。

(3)系统设计阶段。本阶段在前一阶段建立的系统模型的基础上设计物理模型,主要包括总体结构设计和深度设计,最后形成详细的系统设计手册。

(4)系统实施阶段。这一阶段主要是进行程序设计、调试、系统转换、数据准备、系统试运行等,同时还要形成相关的技术文档,如程序手册和用户手册。

(5)系统运行和维护阶段。这一阶段系统已经正式投入使用,主要做好系统的日常管理、维护和评估。

(二)面向对象的开发方法

面向对象的开发方法主张以系统中的数据和信息为核心进行深入的系统分析,并通过详细全面的系统信息描述来指导系统设计工作。面向对象开发过程一般可分为四个主要阶段:需求分析、面向对象分析、面向对象设计和面向对象编程。

(1)需求分析。调查系统开发需求和具体管理问题,明确系统功能。

(2)面向对象分析。通过分析识别问题中的对象,以及对象的行为、构造、数据和各种操作。

(3)面向对象设计。对上述分析结果进行进一步的抽象和组织,形成清晰的分析范型。

(4)面向对象程序设计。使用面向对象编程语言直接将前一阶段编译的范型转换为实际应用。

采用面向对象的开发方法充分体现了原型开发的核心理念。

二、财务管理信息系统的需求分析

财务管理信息系统的需求分析是至关重要的。无论采用哪种方式开发系统,都要通过深入的需求分析,才能明确系统的功能和性能,为后续的开发工作奠定坚实的基础。需求分析本质上是一个逐渐加深理解和细化细节的过程。

下面以结构化系统的开发方法为例,介绍需求分析阶段的目标和内容。

(一)需求分析的目的

需求分析是详细、全面、系统地描述系统的功能,明确了系统设计的限制和与其他系统接口的具体细节。经过需求分析,对系统需求进行细化,从而为系统开发提供了数据和功能的描述。在系统开发完成后,系统需求文档也将成为评估软件质量的重要依据。

信息系统开发的最终目的是建立目标系统的物理模型,即解决如何做的问题。逻辑模型与物理模型的不同之处在于,逻辑模型不考虑实现机制和具体细节,而是着重描述系统需要完成的功能和处理的数据。需求分析的目的是利用现有系统的逻辑模型,推导出目标系统的逻辑模型,回答目标系统"应该做什么"的问题。

(二)需求分析的过程

(1)问题识别。通过研究可行性分析报告和系统开发项目的执行计划,明确目标系统的需求、需求应达到的标准以及实现标准需要的条件。系统需求包括功能、性能、环境、可靠性、安全性和保密性、用户界面和资源利用率等多个方面。

(2)分析。细化每一个系统的功能,明确各系统之间的关系和设计限制,明确每一个系统建设的具体要求,建立完整的逻辑模型并进行详细的描述。

三、财务管理信息系统升级改造

(一)财务管理信息系统升级改造中需确保事项

(1)信息共享和业务协同。确保财务、资产、预算等多个业务领域信息资源的全面共享和业务活动的有序协同,消除业务与数据之间的障碍,防止数据来源多样、结果不一致、口径不一致的问题。通过标准化手段,规范信息资源收集、处理、交换、共享、服务和应用等主要环节,从而促进不同业务之间的协作和信息共享,增强决策的科学性、准确性、及时性。

(2)信息化项目信息互联互通。信息技术项目需要跨多个业务领域交换信息,为了保证信息化各方面的有序推进,必须制定相应的标准去整合系统。

（3）信息化项目安全可靠。综合考虑核心业务系统与其他相关业务系统之间的关系，采用标准化手段，规范管理制度的建设、基础设施建设，规范数据和业务活动的安全级别要求。统一安全技术措施，保证业务的稳定运行、系统的安全可靠以及系统间信息交换的安全，从而实现金融业务"一体化"的目标。

（4）项目总体设计和可持续发展。在系统设计过程中，必须保证所构建的系统能够适应各种业务变化，如用户数量和业务量的增加、新部门的设立、审批业务的增加、规则或规范的更新、其他业务的调整、业务流程的重组等，尽量保证业务变化只对局部产生影响。系统建设是一个分阶段、分步、不断升级和扩展的过程。因此项目的建设需要前瞻性和计划性，并在业务范围扩展和网络结构调整方面为未来规划预留可扩展的空间。

（二）安全保障

系统的安全性不仅是决定系统生命力的关键因素，而且构成了保证系统实用性的基本条件。

1.物理安全

物理安全指在信息技术系统建设和运行过程中，对物理设备和环境所采取的安全措施，以确保系统的正常运行和数据的安全性。物理安全是保障系统正常运行和数据安全的基础，通过加强机房物理安全、设备安全、环境安全、物理访问控制和备份恢复等方面的措施，可以有效地提高信息化系统的物理安全性。如机房设计、建设和运维应遵循相关规范和标准，机房应具备良好的防雷击、防火、防潮、防静电等防护措施，并严格控制机房的访问权限。确保信息化系统的物理设备（如服务器、路由器、交换机等）免受盗窃、毁坏、电磁辐射、电磁干扰、窃听等威胁。

2.网络和系统级安全保护措施

内容涵盖：安全分区的框架设计、防火墙技术、端到端 VPN 连接、安全审查系统、入侵检测方法、网络漏洞扫描技术以及对网络性能的深入分析。应用级安全解决方案涵盖用户授权管理、数据安全备份、数据加密、数字签名,以及数字证书 CA 认证中心、操作日志记录、数据库系统安全机制。

3.加强安全管理体系的建设

①建立统一领导、分工协作的安全管理组织架构;②为了确保安全,需要完善一系列管理制度,包括网络、软件、信息、敏感信息介质、密码、人员、操作、场所以及设施、设备使用,操作日志、备份、应急响应、运维等方面的安全管理规定;③规范安全服务体系,包括安全评估、安全运行维护、应急响应等方面。

第五节　财务管理信息系统的实现

随着信息技术的快速发展,以供应链管理为核心的 ERP 系统应运而生,为信息化时代下的企业运营管理带来了极大的便利,成为现代企业实现资源有效管理的重要工具。

一、ERP 系统内涵

ERP 系统是利用强大的信息处理功能,将企业的物资资源、人力资源、财务资源和信息资源整合在一起,通过物流、人流、财流、信息流全面集成管理实现资源的一体化管理的信息系统。ERP 系统为企业科学决策提供了可靠的数据,促进企业实现最大利益,进一步提升企业的核心竞争力。

二、ERP 环境下的财务管理与传统模式下的财务管理的区别

(一)管理范围的不同

传统财务系统主要关注企业的财务数据处理和核算,包括账务处理、报表生成等。而 ERP 系统不仅涵盖了财务管理,还扩展到了企业的其他

业务领域,如供应链、生产、销售、人力资源等,实现了企业资源的全面整合和优化。

(二)管理理念的不同

传统财务系统侧重于事后核算,强调实际发生原则,即只有在实际交易发生后,才能进行相应的财务处理。而 ERP 系统则更加注重事前规划和事中控制,通过实时的数据集成和分析,支持企业做出更加科学、及时的决策。

(三)数据集成的不同

传统财务系统与其他业务系统的数据交换通常需要通过手动录入或接口对接,数据的一致性和实时性难以保证。而 ERP 系统通过集成化的数据处理,实现了各个业务模块之间的数据共享和协同工作,大大提高了数据的准确性和实时性。

(四)决策支持的不同

传统财务系统提供的报表和数据主要面向企业内部管理人员,而 ERP 系统则通过集成化的数据分析工具,为企业提供了更加全面、深入的决策支持,帮助企业更好地应对市场变化和业务挑战。

三、ERP 的优缺点

(一)ERP 的优点

1. 信息集成性强

ERP 基于统一的数据库,可以集成不同部门的信息,实现信息的共享和流通。这有助于消除信息孤岛,减少信息重复录入,提高信息的准确性和可靠性。

2. 流程协同性好

ERP 系统可以支持企业内部重要业务流程的协同执行,实现信息的跨部门、跨地域的集成管理。通过 ERP,企业的各个部门之间可以更好地协作和沟通,提高协同工作效率,减少资源浪费。

3.可扩展性强

ERP 系统的设计理念就是要支持企业的可持续发展,因此具有很强的可扩展性。企业可以根据自身需要对系统进行定制和调整,以适应不断变化的业务需求和市场环境。

4.决策支持能力强

ERP 系统对企业内部各种数据进行分析和整理,形成可视化的报表和指标,有助于企业管理层做出更好的决策。

(二)ERP 的缺点

1.实施成本高

ERP 系统的实施和运维成本非常高,并且需要较长的周期,这对中小企业来说可能会产生较大的负担。此外,ERP 系统还需要专业工程师进行维护和升级,维护成本也较高。

2.实施难度大

ERP 的实施涉及多个部门的业务流程的整合,需要耗费大量的精力和时间,而且实施过程比较复杂,容易出现阻力和错误。因此,企业需要具备较强的组织能力和协调能力,才能顺利实现 ERP 系统的上线。

3.可定制性差

尽管 ERP 系统具有一定的可扩展性,但企业还是很难将系统完全定制为符合自身的业务流程,这会对企业业务的执行和管理产生一定的限制。

4.依赖供应商

ERP 系统在系统的实施和运维过程中,都需要供应商的技术支持和服务。因此,企业在使用 ERP 系统的过程中,要与供应商建立长期稳定的合作关系,这会对企业的运营和发展产生影响。

企业在选择是否引入 ERP 系统时,要充分考虑其优缺点,充分分析自身的需求,结合产品的特点,选择最合适的 ERP 系统,加强实施过程中的成本控制和风险管理,以达到良好的建设效果。

四、企业选择 ERP 系统需要考虑的因素

(一)明确企业需求

在选择 ERP 系统之前,企业需要明确自己的需求和目标。这包括企业的业务流程、组织结构、管理需求等方面。通过对企业现状的深入了解和分析,可以确定企业对 ERP 系统的具体需求,如财务管理、供应链管理、生产管理等。

(二)了解 ERP 系统的功能和特点

在选择 ERP 系统时,企业需要了解不同系统的功能和特点。这包括系统的模块、集成性、可扩展性、易用性等方面。通过对不同系统的比较和评估,可以确定哪些系统更符合企业的需求。

(三)参考行业案例和专家建议

了解其他企业在选择 ERP 系统时的经验和案例,可以向已经成功实施 ERP 系统的企业咨询,了解他们的选择过程和系统实施效果。此外,也可以咨询行业专家或顾问,听取他们的建议和指导。

(四)考虑系统的可扩展性和灵活性

随着企业的发展和变化,ERP 系统需要能够适应企业的变化需求。因此,在选择 ERP 系统时,需要考虑系统的可扩展性和灵活性。选择那些能够提供定制化解决方案、支持二次开发和集成的系统,可以更好地满足企业的未来发展需求。

五、财务会计信息 ERP 化的实施步骤

(一)确定 ERP 系统实施目标

企业应该根据自身的实际情况和需求,确定 ERP 系统实施的目标和范围,明确 ERP 系统实施的重点和方向。

(二)进行 ERP 系统选型

企业应该充分调研分析内部需求,在众多的产品中选择适合自己的

ERP 系统,并与 ERP 系统供应商进行沟通和协商,确定 ERP 系统的实施计划和方案。

(三)进行 ERP 系统实施

企业应该根据 ERP 系统实施计划和方案,进行 ERP 系统的实施和部署。ERP 系统实施包括系统安装、数据迁移、系统配置、系统测试等环节。

(四)进行 ERP 系统培训和推广

企业应该对 ERP 系统进行培训和推广,让员工了解 ERP 系统的功能和使用方法,提高员工对 ERP 系统的认知和使用水平。

(五)进行 ERP 系统运营和维护

企业应该对 ERP 系统进行运营和维护,保证 ERP 系统的稳定运行和数据安全。

六、财务会计信息 ERP 化的应用效果

(一)提高财务会计信息处理效率

财务会计信息 ERP 化可以通过自动化、标准化、集成化的处理方式,提高财务会计信息处理效率,减少人工干预,降低出错率。

(二)实现财务会计信息的一体化管理

财务会计信息 ERP 化可以将企业的财务会计信息整合到一个系统中,实现财务会计信息的一体化管理,提高信息的共享和利用效率。

(三)提高财务会计信息的准确性

财务会计信息 ERP 化可以通过标准化、自动化的处理方式,避免了传统财务会计信息处理方式的误差和漏洞,提高财务会计信息的准确性和可靠性。

(四)提高企业管理水平

财务会计信息 ERP 化可以实现财务会计信息处理与企业管理信息化的一体化,更好地适应企业管理信息化的需求,提高企业管理水平。

(五)降低企业成本

财务会计信息 ERP 化可以通过自动化、标准化、集成化的处理方式，降低企业的运营成本和管理成本，提高企业的竞争力和盈利能力。

财务会计信息 ERP 化是企业管理信息化的重要趋势之一，可以提高财务会计信息处理效率，实现财务会计信息的一体化管理，提高财务会计信息的准确性和可靠性，适应企业管理信息化的需求，降低企业的运营成本和管理成本，提高企业的竞争力和盈利能力，企业应该根据自身的实际情况和需求，选择适合自己的 ERP 系统，以实现财务会计信息 ERP 化的目标。

七、ERP 环境下财务管理信息系统的风险与防范

(一)ERP 环境下财务管理信息系统存在的风险

1. 实施成本高

ERP 系统是建立在先进的管理理念和科学的流程上的企业信息化管理系统，是现代企业在发展过程中必须投入的重要项目。本项目需要大量资金、人力、物力的投入，投资建设周期长，风险较高。如果不能有效控制，可能会使企业面临财务资本风险。

2. 内部控制制度不完善

ERP 软件的设计理念是以流程式管理为基础的，在技术层面上特别注重功能的集成和数据的统一，它一方面提高了企业的财务管理效率，另一方面也增加了企业经营管理中的不确定性因素，给企业带来潜在的麻烦。

3. 技术人员能力不足

ERP 是一个复杂的财务管理信息系统，如果财务人员对 ERP 系统的功能没有深入的了解，或者系统操作人员缺乏实施经验，或者供应商不熟悉企业的业务流程，而仅仅依靠企业内部的技术人员或者完全依赖系统供应商，这些都会影响系统功能的实现。目前大多数企业的财务管理人员对公司内部系统中的数据和信息都是被动接受使用的状态，系统的

设计、建设和维护主要依靠计算机技术人员,这种情况导致财务人员难以完全掌握财务系统的操作和了解其功能,从而不会将 ERP 系统作为支持企业财务决策、财务控制和战略管理的重要工具。

(二)防范 ERP 环境下财务管理信息系统的风险的对策

1. 严格控制实施成本

在实施 ERP 财务管理信息系统之前,需要根据公司的总体发展战略和内外部环境进行初步规划,包括明确系统的实施目标、基本流程、建设时间表、资金预算、实施范围和具体内容。为了确保系统的建设资金,要做好资金预算,根据建设过程中的变化情况动态调整资金,保证项目的顺利完工。

2. 培养复合型人才

在 ERP 环境下,财务管理信息系统对会计专业人员提出了更高的要求,例如要求具备一定的计算机操作技能,具有基于流程的财务管理能力,掌握会计的基本原理和财务管理信息系统的集成知识。在实施 ERP 系统的过程中,企业需要创造一个学习型的环境,对 ERP 理论、ERP 系统软件应用和计算机网络技术的培训尤为重要。

第四章　财务会计管理信息化

第一节　财务管理信息化

一、成本管理的信息化

(一)成本核算信息化

1.成本核算信息化的必要性

随着生产技术的不断进步,企业产品种类越来越丰富,分类也越来越复杂,传统粗放式的成本管理方法难以满足企业各个环节的成本控制要求。现代企业需要一套综合性的系统,既能对成本进行全面的监控、管理、协调和计划,又能保证企业的一切经营活动都以市场为导向。ERP系统不仅为企业提供完整的物流解决方案,还可以持续监控和优化整个生产过程,为企业提供了强大的成本控制能力和多种成本管理分析工具。在经济全球化和知识信息化的背景下,成本管理信息化已成为必然的趋势。

2.成本核算信息化的主要内容

(1)成本中心核算

信息化成本核算应包括成本预算、标准成本与实际成本的对比分析、成本报告的编制和成本分析。所有与成本相关的数据将在相应的成本中心进行记录,然后单独核算,核算后的相关数据将推送给产品成本模块和利润分析模块。

财务会计部门将一般分类账的基础数据和会计信息发送给管理会计模块。此外,在记账凭证中,该账户的指定期限已延伸至其他辅助账户的指定期限。在成本核算系统中,除了记录原始成本外,还可以详细记录与成本有关的各种信息,如时间、单位、数量等。当企业采用外部会计系统时,所有的会计业务流程和基本成本要素都可以通过数据接口传递给管理会计模块。

（2）订单成本与项目成本的归集与核算

准确归集和核算订单成本和项目成本,需要供应链上的上下游制造商密切配合。成本系统会收集和过滤成本数据,通过将计划成本与实际成本进行比较,对项目成本和订单成本进行实时监控分析。此外,成本系统还为企业提供了多种可供选择的成本核算策略和成本分析方法,进一步促进了企业的生产经营活动。

（3）产品成本的核算

产品既可以是有形的实物产品,也可以是无形的服务、技术等。核算产品成本的目的是确定产品的制造成本和销售成本,成本数据是产品定价重要的参考依据。产品成本核算系统功能不仅可以进行成本核算和成本分配,还可以对个别产品或服务进行成本分析。除此之外,产品成本模块还应具有监控成本要素以及生产和操作过程的能力,并能够预测单个产品成本或特定时期的成本水平。

（4）成本收益分析

成本收益分析通过投入和产出的分析,为企业提供了哪种产品能带来最大的收益,以及订单成本和利润如何分配的解决方案。成本收益分析为销售、市场营销和战略业务规划等模块提供直接的市场相关信息。公司的管理团队可以利用这些数据来确定公司在当前市场中的地位,并评估新产品的市场前景。

（5）附有管理决策的执行信息系统

决策过程所需资料的质量在很大程度上取决于系统收集数据和编制数据的能力。执行信息系统能够收集来自多个部门的各种数据,包括成本生成数据,并将这些数据集成并转换为支持企业决策的信息。

(二)成本控制信息化

1.成本控制信息化不足

很多企业尚未建立成本核算管理平台,不能实现统一管理和数据共享。在开发成本控制软件方面还存在明显的不足,特别是缺乏高效的流程管理和分析监控工具。由于成本控制的信息化建设尚未完善,一些工作流程仍依赖人工操作,大大降低了工作效率。

2.成本控制协同工作平台

成本控制协同工作平台是一个基于网络技术的综合性系统。它不仅提供了全面的成本和费用控制解决方案,而且在员工管理层面实现了有效的费用控制。建立在网络上的成本控制协作平台不需要在客户端上进行额外的维护工作。用户可以自由升级应用软件,财务人员可以随时随地访问成本控制协同工作平台,操作方便。

3.成本费用控制的具体需求

成本费用控制是一种涉及多个维度的费用管理方法。成本控制是根据部门、科目、费用标准等各个维度的要素进行的,也可以根据不同的费用类别进行调整。例如,有些类别有严格的标准,而另一些类别则不受硬性限制,如果超出预算,说明超出预算的具体原因,成本费用控制的目的是实现费用支出与资金支出的事前控制与实时控制。

4.成本费用控制思路

在成本费用控制系统中,预算管理与日常审核流程紧密结合,使审核审批流程在经营活动开始前完成,从而达到预控的效果。在整个审批过程中,业务活动的审批方和发起方都可以从成本费用控制系统中获取业务活动预算和预算执行的关键信息,并根据这些数据对业务活动进行深入的分析和评价。

5.预算控制方案

在成本管理系统中,可以根据企业的具体需求自定义模块功能、业务流程等,审批权限不仅支持成本管理体系的多层级的审批要求,还设置了审批上限、超预算比例、超预算的管理策略。企业可根据实际需要进行调整,使预算控制和执行更加灵活可控。通过实施预算控制,可以在企业内部实现多层次的预算管理,根据管理的需要实施各种预算控制规则,采用不同的控制流程、审批级别和审批额度,以满足企业在资金支付和预算控制方面的需求。

(三)作业成本管理的信息化

作业成本管理系统既可以作为一个独立的、综合性的成本管理软件使用,也可以与企业现有的管理模块结合使用。在完全采用 ERP 系统的企业中,作业成本管理系统通常被视为 ERP 系统成本管理功能的一个子模块。无论是单独建设还是与其他财务管理系统统一的建设,在开发和应用作业成本管理系统时不仅要满足企业在成本管理方面的具体需求,还要考虑如何与其他管理系统进行有效的协调,使作业成本管理系统更具灵活性和适用性。

基于作业成本管理的成本核算系统主要包括基本数据模块、成本计算模块、成本分析模块。基本数据模块主要用于各项功能的基本设置,如业务设置、系统配置、作业成本管理设置、管理模式设置等;成本计算模块的主要功能包括数据收集、成本计算、成本流程查询;成本分析模块主要进行成本分析、作业流程分析和成本计划查询,还支持分层、流程化的详细分析和查询。

作业成本管理系统中的数据采集接口的适应性和灵活性较强,数据可以通过企业其他信息系统获取,也可以手工录入。数据的转换和传输可以借助数据转换工具或通过导入和导出方法来完成。灵活便捷的数据接口使作业成本管理系统能够与 ERP 系统中具体的模块,如财务、生产、库存等模块有效对接。此外,用户可以直接从这些模块中提取成本计算和成本分析的信息,从而增强作业成本管理系统在企业业务系统中的控制能力。

作业成本核算模型收集了相关数据,就可以通过作业成本核算系统来计算成本。系统提供了更强大的成本核算能力,不仅可以计算过程成本,还可以计算作业成本和标准成本。此外,还可以根据业务的具体需求,从多个层次和角度计算成本。除此之外,作业成本管理系统还提供了辅助部门费用的交互式分配模式;根据成本数据对成本趋势进行了深入分析,进行详细的成本规划、盈利能力分析。作业成本管理系统还可以基于产品、订单、客户、流程等多个不同维度和维度组合进行成本分析和查询。

作业成本管理系统将成本核算深入到作业,能够提供不同作业环节的成本结构信息,并能查询产品成本结构、分析成本结构变化的过程。可通过历史产品信息模拟新产品、新订单等的成本,为新产品、新项目的定价决策提供数据支持。

二、固定资产管理的信息化

(一)固定资产核算子系统的特点

固定资产核算子系统的特点是数据量大、数据处理频率低、处理方式简单、综合查询和统计要求高、定制功能灵活。

由于企业拥有大量的固定资产,为了让各部门能够随时了解这些固定资产的具体信息,就需要在固定资产核算子系统中存储每一项固定资产的详细数据,这就形成了相当大的数据量,并且这些数据的保留期可能相当长。为了审计工作的需要,已淘汰的固定资产信息也保存在系统中。因此,某些固定资产的数据可能会在固定资产系统中保存很长时间。

固定资产核算子系统初始化并录入固定资产明细数据后,通常不需要再录入数据。因此,对于固定资产的变动数据和折旧信息,只需在日常处理时输入这些变动数据即可。固定资产子系统的数据处理能力方面,与其他会计子系统相比,明显表现出较低的水平。

固定资产处理主要是计提固定资产的折旧,并生成各种统计分析报表。虽然计提折旧所需的工作量比较大,但计提折旧的计算方法比较简单。因此,总体而言,固定资产核算子系统在数据处理方面仍然相对简单。

固定资产会计系统中的大部分数据都是以报表的形式呈现的。为了更好地满足企业对固定资产核算和管理的需求,固定资产核算子系统应具有方便灵活的数据检索功能和强大的分类统计能力。同时还要具有高度灵活的定制能力,以便企业可以根据自己的具体需求定制报表。另外,不同企业对固定资产的卡片内容也会有不同的要求,因此固定资产核算子系统也应该具备自定义固定资产卡片的功能。

(二)固定资产核算子系统的设计

1.固定资产核算数据处理流程设计

(1)传统手工核算处理流程

固定资产核算包括固定资产的增减变动核算和计提折旧两个方面。

无论是购买、建造、出售、投资转让还是报废固定资产,固定资产的价值都可能增加或减少,固定资产增加或减少时,必须填写相应的表单,如报废申请、交接单、入库单等。这些表单要完整记录固定资产的名称、规格、原价、生产单位、存放地点等信息。如果固定资产在使用过程中发生变动,如内部转移、停止使用或大修理等,必须将固定资产变动情况在固定资产卡片上进行记录,并建立固定资产管理台账,便于固定资产管理。固定资产应该按会计制度计提折旧,固定资产计提折旧的方法主要有平均年限法、工作量法、双倍余额递减法和年数总和法。当固定资产的价值以折旧费的形式转移到产品的成本中时,这些成本可以从产品的销售收益中收回。

(2)固定资产核算信息化处理流程

①固定资产核算子系统的功能

在固定资产核算子系统中,用户不仅可以输入固定资产增减的凭证和卡片,还可以对这些凭证和卡片进行存储和管理。此外,用户还可以在系统中对这些凭证和卡片进行各种查询、统计、修改、删除和汇总等操作。此外,系统会根据固定资产的相关凭证自动计算固定资产的增减,自动刷新固定资产卡片上的信息,最后将相关数据记录在固定资产分类账中。固定资产折旧计算和分配完成后,系统将生成固定资产折旧计算和分配表,然后根据该表自动生成转账凭证发送给财务处理子系统和成本会计子系统。

②固定资产核算子系统的处理流程

在初始化固定资产核算子系统的过程中,每一项固定资产都需要在系统中创建相应的固定资产卡片和固定资产卡片文件。当需要进行固定资产变更或内部调配时,应根据固定资产变更凭证编制与固定资产变更相关的单据,并将这些变更信息详细记录在固定资产卡片上。同时,固定资产变更文件也会在固定资产文件中生成相应的内容。系统可以根据固定资产变更文件自动创建固定资产登记簿和固定资产增减变动表,根据固定资产卡片文件中的各种科目计算折旧,并相应编制折旧计算表和汇总账凭证,最终将这些信息发送给财务处理子系统和成本会计子系统进行进一步的处理分析。

2.固定资产核算子系统功能模块的设计

固定资产会计子系统至少应该包括六个方面:数据维护、增减核算、折旧核算、数据查询、报表输出和自动转账。

(1)数据维护功能模块主要负责固定资产卡片及相关文件的创建和管理。包括但不限于:录入固定资产原始卡片,编写固定资产使用部门代码,确定固定资产折旧的计算方法。

(2)增减核算功能模块主要是输入固定资产的增减变动数据。系统会自动将这些变动数据纳入固定资产明细账中,同时更新固定资产卡片的内容,计算固定资产本月的增减变动额,计入固定资产总账。

(3)折旧核算功能模块主要对固定资产折旧的计提和分配,并负责编制固定资产折旧计算表和汇总表。

(4)在数据查询功能模块中,用户可以根据企业管理的需要确定查询项目或输入关键词。

(5)报表输出功能模块负责编制月度、季度、年度固定资产报表,并进行打印操作。

(6)自动转账功能模块根据生成的固定资产折旧分配表生成转账凭证,传送给财务处理子系统。

3.固定资产核算子系统数据库结构的设计

（1）固定资产代码库

固定资产代码库的主要功能是存储固定资产的名称和相关代码。在固定资产核算子系统中，为了使系统计算更加方便，所有的固定资产都将以代码形式显示。另外，当某一固定资产输入系统时，必须将该固定资产的名称和代码存储在代码库中，否则系统会将该固定资产视为非法代码，从而提高了系统的安全性和可靠性。

（2）固定资产类别库

固定资产类别库的主要功能是保存固定资产的类别名称和相应的类别代码。固定资产类别库与固定资产代码库有许多相似之处。在计算和处理过程中，所有与固定资产相关的品类名称都会以品类代码的形式呈现。在固定资产入账时，出现的固定资产类型必须与固定资产分类库中的名称和代码一致，否则系统将认为非法代码。

（3）部门代码库

部门代码库的主要功能是保存使用固定资产的部门名称及其对应的代码。所输入的使用固定资产的部门名称和代码必须已经存在于部门代码库中，否则将被视为非法。

（4）固定资产库

固定资产库主要用于保存固定资产的初始数据，它也是整个系统中最基础的数据库，同时，固定资产卡片的数据也被存储在这个库里。

（5）固定资产的增减变动库

固定资产增减变动库的主要功能是保存固定资产的变动数据，而这些数据会随着固定资产的变动而持续更新。

（6）分类汇总库

分类汇总库的主要功能是保存各个部门使用的固定资产的初始价值汇总。

（7）固定资产折旧库

固定资产折旧库的主要功能是储存各种固定资产的月度和年度折旧

金额。

(8)固定资产的账务明细库

固定资产账务明细库的主要功能是保存经过账务处理的固定资产信息,并在库内用于文件的分类、整合、折旧估算以及增减明细表的输出等工作。

三、全面预算管理的信息化

(一)全面预算管理信息化实施的基本要求

多维数据的支持、广泛的信息接口以及有效的监控是实施全面预算管理信息化的三个基本要求。

1. 多维度的预算编制和分析

全面预算需要从多角度、灵活、全面地分析企业预算信息以满足企业不同管理层不同的需求。预算分析的本质是从多个角度对业务数据和财务数据进行描述和分析的过程。只有通过多维度的数据分析,才能在市场快速变化的背景下满足快速预算分析的需要。

2. 广泛的信息接口避免信息孤岛

预算编制过程中的实际数据需要从财务系统、ERP 系统、人力资源系统等多个系统中提取。因此,一个全面的预算管理系统必须有多个信息接口,才能有效地整合来自不同系统的数据。

3. 有效监控实现事前、事中、事后的动态控制

为了保证预算的有效执行,必须加强对预算的全过程管理,基于工作流的电子审批系统应与预算子系统和会计子系统紧密结合。高效的监控工具可以帮助企业实时了解预算执行的实际情况,收集详细的、不断更新的业务和财务信息。

(二)全面预算管理信息化模型体系

1. 全面预算管理模型

全面预算管理模型的设计应从企业的实际需求出发,并确保与企业现有系统中跟预算管理相关的系统与预算管理系统相对接相匹配。在设

计一个全面的预算管理模式时,应该基于优化业务流程的先进的理论和方法为指导去设计。

2.全面预算编制系统

全面预算编制系统是建立在全面预算管理模型基础上的系统,主要任务是为企业制订的预算计划,预算编制系统主要包括三个核心功能模块:经营预算模块、投资预算模块和财务预算模块。

3.全面预算管理控制系统

全面预算管理控制系统是对预算进行监督和管理。预算管理控制系统具有强大的信息处理能力,其信息处理速度快,数据集中程度高。这使得预算管理的重点转移到预测、监测、分析和管理等领域,保证了企业的信息流、资金流和业务流程可以有效地整合。

第二节　会计管理信息化

一、会计核算的信息化

(一)会计核算的信息化

自20世纪80年代中后期以来,传统的人工核算和计算方式已经被计算机技术所取代,大大减轻了会计专业人员的工作压力,提高了工作效率。会计核算的主要内容由计算机进行处理,包括使用计算机处理账务,计算工资和固定资产,以及编制财务报表。

(二)财务业务一体化

20世纪90年代,我国的财务软件供应商首先提出了财务与业务融合的概念,这是中国财务软件领域所独有的概念。在信息系统中,业务模块的数据可以传输到财务模块,并自动生成相应的会计凭证,实现财务业务的一体化,这大大降低了财务人员的工作负荷,提高了工作效率。

(三)会计集中核算

会计集中核算业务框架主要包括财务系统与业务系统之间的数据共

享和数据安全;确保所有财务实体的数据可以共享,并确保其安全性;实行覆盖多公司、多行业、多机构的会计制度;构建满足不同层次单位多样化需求的会计结构。

二、会计账务处理的信息化

(一)账务处理子系统概述

1.账务处理子系统

会计对企业的一切经济活动进行系统的、全面的、连续的核算和监控,并在此基础上对企业的经济活动进行预测、分析、管理和决策。财务人员通过核算、控制和分析等方法完成会计任务,每一项经济活动都是从填写凭证开始的,这些凭证经过严格审核后经过记账程序,记录到各个账本中,为后续的报表编制和财务分析提供必要信息。会计账务处理包括账户配置、复式记账、凭证填写、凭证审核、账簿登记等。

2.账务处理子系统的特点

与其他会计子系统相比,账务处理子系统具有较强的规范性、较好的一致性、较强的综合性和较高的准确性。

复式记账不仅是世界各国常用的记账方式,而且构成了账务处理子系统的基本原理。由于账务处理子系统表现出高度的标准化和一致性,所以在软件市场上,各种会计处理软件随处可见。在建立会计信息系统的过程中,企业可以考虑使用软件包进行会计处理系统,以降低系统开发的总成本。

账务处理子系统作为会计信息系统的重要组成部分,以货币为主要计量单位,能全面、系统地反映企业的供应、生产、销售状况,具有很强的全面性和概括性。会计信息系统中的其他子系统虽然可以使用货币作为度量单位,也可以使用实物数量作为度量单位,但它们只能部分地反映企业在某一环节或具体业务中的供应、生产和销售情况。会计子系统生成的报表可以准确地反映企业的整体经营和财务状况。此外,账务处理子系统是会计信息系统中数据交换的平台,它不仅可以接收来自其他子系统的会计凭证并进行自动记账,还可以将会计数据传递给其他子系统。通过会计处理系统可以将会计信息系统中的各个子系统有机地整合起来,构建一个完整有序的会计信息系统。

由账务处理子系统生成的财务报告具有极其重要的意义。它不仅需要提交给企业的投资者和债权人,还需要提交给国家财政、税务、审计等政府部门和银行部门,报告数据的任何错误都可能导致严重的社会影响和巨大的经济损失。公司的投资者和债权人将根据财务报告中的数据对公司的经营状况进行评估,并做出相应的投资选择;财政部门将根据报告中的数据编制经济指标,并据此制定相应的经济政策;银行根据报告中的数据严格监控企业的资金使用情况。要保证报表数据的真实性和正确性,账务处理子系统的准确性起着基础性的作用。

3.账务处理子系统的功能

(1)初始化功能及初始化工作

账务处理子系统具有通用性,可以满足各类企业和部门的具体业务需求。企业在使用账务处理子系统之前,需要对账务处理子系统进行初始化设置。账务处理子系统包含初始化功能模块,允许用户设置科目、凭证类型、加载初始余额以及为不同的人员分配使用权限等。科目设置是在系统里输入会计业务处理过程中需要用到的科目,科目设置好后存储在相应的科目文件中。会计科目配置是会计工作基础,财务人员可以根据自己的业务需要设置合适的会计科目,凭证类型的设置实际上是对凭证类型的管理,在完成凭证类型的设置后,设置的结果存储在相应的凭证文件中,大多数账务处理子系统软件在凭证类型的功能设置上都比较全面,财务人员可以根据自己的业务需要选择合适的凭证类型。

在系统中,财务经理被赋予了最高的权限,财务经理根据财务人员的工作实际,分别给每个人赋予不同的权限,权限配置结果保存在人员权限文件中。账务处理子系统的初始化功能模块中,除了上述几个功能外,还包括代码配置、结算方式设置、自动转账设置、币种及结算汇率设置等功能。只有在完成会计处理系统的初始设置之后,财务人员才可以通过系统进行账务处理工作。

业务初始化工作就是输入初始余额,将原来已经存在于手工账上的业务初始数据录入到信息化系统中,如科目余额、固定资产余额、应收应付余额、物料余额等,以便进行信息化后的会计核算。通常录入初始余额有两种情况:一种是在开始使用会计信息系统时将初始余额手工录入到系统中;另一种是录入年初余额。在所有余额录入完成后,需要进行自动余额试算,试算平衡表通过后才能进行下一步操作。初始设置完成后,需要启用账套,启用账套后即进入日常业务处理阶段,一般不能再修改初始余额和编码规则等参数。

(2)凭证处理功能

凭证处理模块的功能涵盖了凭证输入、审核、查询、打印等日常操作。在会计处理子系统中,财务人员可以在记账过程中输入凭证并进行相应的编辑和修改。完成录入后,需要仔细核对录入结果,确保准确无误,然后保存在凭证文件中。凭证审核是指对输入凭证的准确性、有效性和合法性进行全面审核。审核凭证有两个主要目标:第一,查找凭证输入过程中可能出现的错误,有些错误不通过认真细致的审核很难发现,如借贷反向、借贷金额同增加或同减少;第二,对已经审核过的凭证系统要自动显示已审核标记,只有审核过的凭证才能记账,凭证一经审核,不能进行任何修改,只有在取消审核后才能修改,并且取消审核只能由审核人亲自操作,根据不相容岗位相分离的内部控制要求,凭证录入和凭证审核不能为同一个人。

自动转账凭证的凭证模板建立以后通常不需要调整,相关参数只需在业务变化及会计核算方法变更时做简单修改。用户对凭证要素进行定义后保存为转账模板,系统会根据定义好的模板自动生成记账凭证。自动转账凭证中的凭证类型、摘要、会计科目、借贷方向、金额来源公式等都由用户自定义,其中金额来源公式的设置涉及各种账簿与凭证的金额关系,相对比较复杂,需要掌握不同会计软件所约定的语法规范。自动转账的意义在于一次定义、多次重复应用,适用于不同会计期间重复处理的业务,如税金计提、成本结转、损益结转等。

自动转账有两种情形:一种是直接从账务数据中取数自动生成记账凭证,如结转期间损益;另一种是要利用函数进行运算才能从凭证上取到数据,如计算并分配应付福利费。自动转账又分为两个层次:一个层次是在总账系统(或称账务处理系统)中定义并使用的自动转账;另一个层次是在各个子系统中定义和使用自动转账,如工资系统中的工资费用分配、固定资产系统中的折旧费用分配等。

(3)记账与结账功能

记账的过程是比较复杂的,传统的手工记账容易出错,并且出现错误后不容易发现,即使发现了也难以找到原因,需要花费大量的时间和精力。在会计信息系统环境下,记账由系统一键完成,大大提高了工作效率,而且避免手工记账中可能出现的各种错误。财务人员还可以根据自己的业务需要选择不同的记账方式,如可以选择一天记一次、一天记几次、几天记一次等方式记账。会计处理子系统允许跨月记账,即使上个月没有完成结账,用户仍然可以输入本月的凭证,完成记账操作。

结账分为月末结账和年末结账两种。结账前要将所有数据进行备份,避免因操作错误或其他突发状况中断结账操作时而引起的数据错乱或丢失,结账前还要进行必要检查,主要包括:检查上个月是否未结账、本月是否存在未记账的凭证、科目之间的数据是否平衡、有关的辅助账是否进行处理、其他相关的业务系统是否结账。若上个月未结账或本月有未记账的凭证,则不可进行本月结账工作。已经结账的月份不能再输入凭证和进行记账操作。如果结账的月份为 12 月,在结账后还应生成下一年的空白账簿文件并结转年度余额。

(4)账表的输出及其他服务功能

在系统中,编制账表的第一步是设计阶段,即设计账表格式和定义数据来源,设计完成的账表可以长期使用,也可根据需要进行调整。第二步是使用阶段,在日常工作中自动生成当期账表。

账表输出功能是指对会计数据库文件进行整理、汇总等处理后,将需要的会计报表输出的过程。会计报表的输出形式主要有三种：一是打印输出，二是拷贝输出，三是屏幕显示输出。可以输出的财务报表主要包括总账、明细账、日记账、外部报表和综合查询结果。综合查询是一种独特的会计数据输出方法，它允许财务人员自定义输出条件，从相应的数据库文件中提取所需的记录信息。

会计数据备份与恢复是对数据采取的一种保护性措施，在数据备份过程中，需要提供备份数据的字节大小、所需时间、备份过程等相关信息。在执行数据恢复操作前，需要进行确认和谨慎操作。这是因为数据恢复将完全覆盖现有的会计环境。

在财务会计软件中，编制会计报表先需要设计会计报表格式，定义数据来源公式，设计完成的会计报表如果格式内容没有变化则可以长期使用，在具体会计期间，系统可以自动生成当期会计报表的结果。

（5）辅助管理功能

在账务处理子系统中，除了基本的会计功能模块外，还增加了一些辅助的管理功能，如银行对账功能，能够实现自动对账、自动生成报表、自动生成对账结果等功能；在往来核算可建立往来单位的通讯录等。

4.账务处理子系统与其他记账子系统的关系

与账务处理子系统关系较为密切的其他记账子系统主要有工资核算子系统、材料核算子系统、成本核算子系统以及报表子系统等。

（1）账务处理子系统与工资核算子系统的关系

工资核算子系统用于计算企业员工的工资和社会保障费等。它根据员工基本信息和其他相关信息，如应付工资、实付工资、福利金等，计算员工工资，并将这些计算结果汇总后提交给相关部门。工资处理子系统负责银行存款、员工工资核算、社会保障费等多个科目的分类核算，需要向会计处理子系统传递记账凭证。

（2）账务处理子系统与固定资产核算子系统的关系

固定资产核算子系统将根据固定资产的增加减少、维修维保费用、计提折旧等各种数据编制会计凭证并向会计处理子系统传递记账凭证，同时向会计处理子系统提供不同科目的数据,如固定资产、在建工程等信息,会计处理子系统将根据这些数据生成总分类账和明细分类账。

（3）账务处理子系统与材料核算子系统的关系

材料核算子系统将根据购买材料的发票、入库、出库资料,计算材料采购成本,成本差异,按规定编制有关凭证并传递给财务处理子系统。

（4）账务处理子系统与成本核算子系统的关系

成本核算子系统对其他子系统的费用数据进行汇总并分类,并按照具体的标准分配到各个车间和各个产品。成本核算子系统的数据由多个子系统提供,包括工资核算子系统、物资核算子系统、固定资产核算子系统。成本核算分系统负责将费用数据的记账凭证发送给会计处理分系统,登记总账和明细账。

(二)账务处理子系统的操作

1.记账凭证的输入与控制

记账凭证的输入,除了输入文本、数据外,还可以进行记账凭证的增加、删除、修改、保存等各种操作,并对这些输入的数据和凭证进行相应的校验。记账凭证的输入必须遵循五个基本准则。第一,记账格式与凭证模式要一致;第二,确认记账时间,保证记账凭证的编号是连续的;第三,确认会计科目的准确;第四,借贷双方金额合计相等;第五,涉及辅助核算,则应提供辅助核算所需的相关资料。

2.明细账

明细账是对总账的内容进行了详细的分类和记录,是对总账的补充。明细账的格式包括科目名称、业务发生时间、编号、金额、摘要。

总账科目的名称通常是一级科目的名称,根据业务需要,可以在总账下设置明细账。通常,明细账是按时间顺序记录的。编号是指记账凭证上的顺序号,编号是为了方便查账和审核工作而设置的。业务摘要的目的是简单反映业务的具体内容,摘要应该简洁明了。在进行记账时,应确保原始凭证和记账凭证上的金额一致,并在填写时特别注意借方和贷方的方向,避免填写错误。

3. 月末会计处理

（1）转账

月末，财务人员需要编制转账凭证，完成转账操作。传统的手工会计处理方法不仅消耗大量的时间，而且容易出现数据错误。在会计信息化系统中，大多数会计处理都是通过系统自动完成的，系统自动提取数据，生成转账凭证，自动完成转账操作。

在账务处理子系统中，为了保证系统能够在月末自动完成转账操作，首先需要定义转账凭证的格式，也就是要设置好转账公式，一旦定义了转账格式，相应的会计科目就会出现在公式中。如果这个科目的记账凭证已经完成，系统将开始自动转账。自动转账程序中的转账凭证将根据相关科目金额编制，转账凭证填制后会存储在会计凭证数据库中，转账凭证经过人工复核后就可以进行记账。

（2）对账

对账一方面将账簿与账簿的数据进行核对，另一方面将账簿和凭证的数据进行核对。对账有两个主要目的：第一，核实账务处理的准确性，检查是否存在记账错误；第二，核实账本之间的平衡。一般来说，在会计处理子系统中，只要会计凭证的输入是准确的，那么会计核算完成后的账簿就应该是准确的、平衡的。但计算机病毒、非法操作等因素可能会对系统数据造成破坏，导致数据不一致。

（3）结账

月末，本月所有的会计凭证都已记账且完成转账、对账等工作后，即可进行月末结账工作。结账后，当月所有的记账凭证、账本、财务报表已完成存档，所有会计凭证将无法进行任何形式的修改，如果发现记账凭证有误，只能在下个月进行相应的处理，系统将输入控制参数已设置为下个月。

第五章　信息化背景下的财务管理转型

第一节　财务管理转型的必要性

财务管理转型通常也称为财务转型,是企业为增强市场竞争力而进行的一项财务改革,其核心目标是实现企业价值最大化。随着企业的发展,对财务管理提出了更多要求,比如要决策支持、风险监控、价值创造等,传统的核算型财务已经不能适应现代企业的管理要求,财务部门要与时俱进向管理型、战略型财务转型。

随着全球经济一体化步伐的不断加快,企业及其所处的经营环境也在不断变化。宏观经济层面,以"金砖四国"为代表的新兴市场逐渐兴起,使企业在全球市场上获得更广泛、更自由的竞争机会。另外,财务领域中的安然事件、中海油新加坡事件也引发了人们对公司治理和财务管理的担忧。企业所有者希望管理透明度更高和违法行为问责更严厉,同时也希望财务部门不断提升公司的价值。因此,财务部门要面对如何在更加严格遵守相关法律法规的前提下进一步提升业绩的问题,这些挑战促使财务转型势在必行。

一、目前企业财务管理中存在的问题

(一)财务与业务脱节

通常财务人员侧重会计核算、报表编制等工作,业财融合意识相对淡薄,与业务人员沟通少,无法及时了解业务部门的实际需求和情况,日常工作中没有考虑到业务活动与财务管理之间的关联性,而业务部门也可能对财务政策、流程等缺乏了解,造成财务和业务的脱节,从而增加了工

作难度。

(二)职能目标分离

通常,企业中的业务部门和财务部门的职能目标不一致,具体表现为各部门关注点不同。业务部门追求企业市场份额和销售额的增长,对于为此而产生的成本费用不关心;而财务部门更加关注企业的资产、负债、利润、现金流量、成本费用等指标,目标是在做好会计核算的基础上,为管理者提供必要的报表,帮助管理者了解企业财务状况,为管理者决策提供依据。由于二者职能目标不一致,都会从自身的角度考虑问题看问题,在资源分配和成本控制上容易发生冲突,如果沟通不到位,相互之间容易产生矛盾,不利于企业的发展。

(三)系统集成度不高,信息安全受到威胁

很多企业信息化管理系统开展财务管理和业务管理工作,但是系统之间的集成度明显不够,数据库接口不一致,数据信息在不同管理系统之间的传输受阻,制约了业财深度融合。由于业务和财务信息的融合度低,信息的利用率也较低,作为企业决策参考依据的价值受到影响。同时,企业将所有数据信息保存在所建业财一体化管理系统的数据库中,却没有运用合适的信息安全技术来维护数据信息的安全性。一旦数据信息遭到窃取和泄露,就会导致企业经营风险急剧升高,危害企业的形象和利益。

(四)复合型人才缺失

财务复合型人才应该具备财务管理、战略规划、沟通协调、信息技术等四个方面的能力,这类复合型人才是企业的重要战略资源,直接关系到企业的核心竞争力和未来的发展。但是,相当一部分企业在招聘财务人员时,往往只考察其财务专业技能和专业素养,没有对其他方面的素质能力加以评价。另外,企业对现有财务人员的培训也只注重财务相关知识和技能,忽视对财务人员综合素质的培养,从而导致企业缺少复合型人才。

二、财务管理转型的必要性

(一)财务管理环境的变化促使财务转型

在传统的企业管理模式下,财务战略主要集中在资金的筹集和使用等各个方面。财务管理的内容相对独立,主要负责企业业务流程的计量和核算以及信息反馈,但这种独立性目前正在逐渐降低。一方面,在现代市场经济背景下,财务管理不仅要统筹规划管理好现金流,确保企业有足够的资金支持其运营和发展,还要主动参与到企业的其他管理中去,财务管理不只是企业生产经营管理中的附属职能。另一方面,财务管理与其他职能战略之间的联系越来越紧密,如根据企业经营管理需要筹集和分配资金;根据企业的投融资需要制定股份分配相关政策等,已经很难将某项活动单独界定为财务活动。面对日益复杂的财务管理环境,企业必须通过财务转型实现价值管理,挖掘企业在采购、生产、销售等各个业务环节的增值潜力,优化各项经营流程,不断提升企业价值,让财务部门转变为公司价值创造的管理协作部门。

(二)财务管理内容的变化促使财务转型

随着信息技术的发展,企业 ERP 系统的功能不断升级,流程不断优化,得到了广泛的应用。传统的财务管理内容正在发生变化,简单的记账核算工作在财务管理工作中的比重逐渐降低,预算管理、财务分析、资源管理等方面的工作越来越重要,财务管理工作的范围逐渐扩大。传统的财务理念和管理方式与当前的财务管理内容不相适应,必须结合企业业务管理,向业财融合方向转型,实现财务管理的角色定位和能力升级,提高财务管理能力。

(三)财务管理作用的更好发挥需要财务转型

现代企业的发展要求财务管理在经济活动的全过程中发挥重要作用,财务管理要强化三个方面的职能,即合理配置资源、严格管控过程、有效提供信息。在经济活动的前端,财务管理需要整合企业内部的各种资源,以市场需求为导向,运用全面预算管理体系,科学合理地配置资源,推动企业资产、收入、成本费用的结构性调整。在业务活动开展的过程中,财务管理需要运用财务分析、检查等方法,构建财务预警体系,为业务发展提供服务;在经济活动的后端,财务管理需要利用高质量的财务数据为决策过程提供信息,助力企业实现价值最大化。财务管理作用更好地发挥需要财务的处理能力和组织结构上做出相应的转型,以实现预定的目标。

第二节　财务管理体系转型

一、财务管理体系转型的目标

(一)支撑企业的战略

财务会计不能只停留在报账、记账、算账的工作上,财务工作不能只停留在资金的收付业务上,应该立足于企业的发展战略目标,根据企业的战略目标制定财务战略,通过财务战略的落地助力企业战略目标的实现。

(二)支持管理决策

财务人员在工作中往往偏重于会计核算工作效率的提升、成本的节约以及加强内部控制的管理,忽略了企业管理者在决策时需要高质量的会计信息和财务分析数据去支持决策。管理者从过去的经验式管理决策走向了依赖于高质量的数据来进行评价和决策,这也就要求财务人员要从以往偏重于会计事后核算走向注重数据分析、财务预算、决策支持。

(三)创造价值

创造价值有直接创造价值和间接创造价值,过去更多体现为间接创造价值,是其他人利用财务的信息进行价值创造。财务在价值创造的功能上提供给其他人更多的是事后信息,并且是按照会计准则语言生成的信息,对于使用者来说,如果没有学过财务,对信息的理解和利用就有点困难。因此,一方面要提升管理者对于会计信息的理解能力,另一方面财务人员要对财务语言生成的信息从方便管理者理解和使用的角度进行再加工。

二、财务管理体系转型中存在的问题

(一)业财融合问题

传统的财务管理转型主要集中在财务核算端的核算系统上,即更多是在核算系统上优化流程、提升效率和提高智能化能力。比如:现在很多企业建立的财务共享服务中心,实质上还是仅仅围绕核算端在改变,体现了共享而没有体现服务,这种共享是通过财务人员的物理集中或流程集中来实现的,财务共享更多的还只是提高了审核的效率、核算的效率,很少重视财务服务能力的提升。

财务共享服务中心建立完成后划分了共享财务、业务财务、战略财务,如何充分利用共享财务为业务财务和战略财务服务是最大的问题。业务财务和战略财务所使用的工具是全面预算管理、风险管理、成本管理、税务管理、绩效管理,这些管理的实现依赖于财务管理系统生成的财务数据和业务系统产生的业务数据。大部分企业没有实现从会计核算端到业务端的突破,财务没有真正地和业务层面的 ERP 系统进行有效的融合,只是把部门之间的条块分割、各自为战从线下变成了线上的各系统之间的信息孤岛和数据孤岛,这就是财务管理体系转型过程中存在的业财融合问题。

(二)数据治理问题

财务管理作用的发挥需要业务数据的支持,获取有效的业务数据要通过后端的数据需求,也就是监管方、管理方、财务、客户方关注的指标去倒推再看核算端和业务端能够产生的指标。而这些指标需要通过业财融合的方式把业务的数据赋予财务的含义,把业务数据进行有效的治理和筛选来形成后端所需要的数据和指标。企业要建立数据中台实现业财数据融合,通过数据中台集中、筛选、清洗数据来实现数据治理,以提供业务端形成数据决策的数据基础。

三、财务管理体系转型策略

(一)驱动方式从目标驱动、流程驱动走向数据驱动

传统驱动方式是从目标管理走向流程化管理,目标管理相对粗放,流程管理是把目标变成一个个可复制、可标准化、可流程化的行为,将管理进行制度化、制度进行流程化、流程进行岗位化、岗位进行职责化、职责进行表单化,这是通过流程再造实现的。

传统的管理是依赖领导者的经验去管理,数字化时代的管理变为依赖数据支撑决策来进行管理,这就要求整个会计信息生成的驱动方式从目标管理走向流程管理,从流程管理走向数据管理。

(二)财务职能从核算、监督走向服务

财务转型的最终目的是业务,业务才能创造价值。财务转型方向是前端必须把财务向业务端推进,后端要生成决策的信息,中端就是要基于核算变为财务共享,基于财务共享建设财务数据中台,实现前中后台的数据转化,才能提升业财融合的服务能力。

(三)财务转型是以双主线推动财务转型

财务转型由两条主线推动,一条主线是提供信息的会计,一条主线是价值创造的财务。会计和财务是有区别的,会计侧重于通过信息系统生成和提供会计信息,而财务主张以资金创造价值,实现投资、融资、资本成本的最低化,甚至站在更高层面进行集团资金集中管控和金融资源的集中配置。

(四)财务思维变为平台思维、连接思维、共享思维、智能化思维

财务转型的背景下信息系统不再是简单的信息系统,构建的是平台,平台构建的是连接,连接让数据范围扩大。对内连接叫业财融合,对外连

接叫共生系统。今天自动化的程度已经可以实现一些智能化,这些智能化最重要的问题是如何从核算场景还原到业务场景,如何在业务场景过程中实现更多的智能化运用。

第三节　财务管理系统转型

现代企业在推进财务管理转型的过程中,要有序地将数据、业务、财务进行融合,聚焦于财务管理职能转型,推进财务管理系统的建设,从而发挥财务对业务与战略的支持服务作用,参与企业的管理决策。

一、搭建完善的信息化管理平台

信息化管理平台的搭建是方便财务部门和各部门之间进行财务数据的传输、财务费用的审批、财务报表的传递等工作。企业内部高效的信息共享与传输是确保企业运行管理质量的重要基础。为了实现财务共享就必须搭建完善的信息化管理平台,为财务信息的共享开通渠道。在信息化管理平台建设中,需要借助信息技术进行财务信息数据的获取、整理与传输,提高财务信息的透明度。同时,信息化平台还具有在线申报与审批的功能,各部门可以通过登录平台进行相关业务的申报,而在线审批可以极大地提高工作效率,节约工作时间。此外,通过信息化平台建设,财务管理人员可以根据企业日常经营活动所产生的数据为企业经营决策的制定提供建议,科学合理地编制预算,灵活把控成本,更加合理地配置资源,帮助企业规避潜在的经营风险,真正发挥出管理会计的价值,为企业的经营发展保驾护航。

二、推进业财税融合,建立数字共享系统

数字化共享系统的核心是"共享",引入了"互联网 +"的思维,对企业内部各项事务进行重构,推进业财税的融合。企业通过构建数字化共享平台,制定对内协作、对外竞争合作的管理体系,运用业财税智能系统

平台,串联企业内部的各项经济业务,有序提升企业运营效率。例如,商旅平台可以实现企业员工差旅信息互联,使出差更便捷、报销票据更规范,同时也节约支出成本和提升出差报销效率。员工出差无须取票、垫资、结算,出行后确认行程即可完成报销。企业对商旅系统直接结算,确保发票真实合规,同时规避涉税风险。

三、引入 AI 技术,赋能财务共享系统

企业引入 AI 技术,通过对业务流程进行重构,打造自动化业务单元,从而将战略决策、任务分配与执行等进行有效衔接,强化财务数字化进程,打造"智能的大脑"。例如:构建费控自动化体系,实现财务自动审批;运用智能 POS 技术,对企业内部的资金实施集中管理,与银行系统自动对账;打造数字化看板,能够清晰直观地获得实时数据信息,为业务发展与管理决策提供实时支持。

四、打造数据中台,统一数据标准

随着现代企业经营规模的扩大、业务范围的拓展,要有效促进智能财务体系构建和财务数字化转型,必须着力于打造数据中台,构建完善的数据信息存储库,强化数据档案管理,实施数据信息的整合工作,让海量的数量实行统一标准,为后续智能化的分析和数据挖掘打好基础。业务和财务管理系统内各平台模块应实现充分融合,在数据推送和抓取上实现数出同源。企业对数据要实施全流程的分析与监控,深层次地将财务数据与业务数据进行关联,提升数据分析的高效性,最终能及时准确地一键生成各项报表与分析报告,为企业的管理决策提供可靠依据。

五、构建智慧报账管理系统

智能报销是集借款和报销于一体的专业化、智能化管理系统,可以实现线上报销、审批等一系列操作流程,用户可以直接在线上填报借款单或报销单,审批人可以直观地看到自己的待办事项。智能报销系统与预算

系统关联,将预算项目数据引入借款、报销填单、资金审核控制环节,所有支出均须接受预算约束控制,部门或科室不得超范围支出或无预算支出。在实际操作过程中,可结合自身实际采取灵活的预算控制方法对不同支出项目进行管控,如刚性控制项目超预算不支出、柔性控制项目超预算经审批后允许支出。

六、构建银企互联管理系统

银企互联管理系统通过与 ERP 系统、报账费控管理系统建立接口,保证信息的准确传递,从而减少财务人员的工作量,提高工作效率。银企互联管理系统由系统管理、转账支付、监控对账、查询统计、安全管理和接口管理等部分组成。企业通过银企互联管理系统向银行发送交易指令和接收数据信息,及时准确地完成资金支付业务。财务人员可以实时获取账户资金信息,对所有账户的资金流动情况进行实时、全面、准确、高效的监控,此外该系统还可以满足银行与企业之间自动对账的需求。

七、提高信息安全管理水平

首先,加强对企业重要财务资源的控制和管理,在财务管理信息化建设中必须对重要的财务数据和报表进行加密处理,通过防火墙技术防止非授权性的登录,避免由于黑客攻击、病毒干扰造成的重要财务数据丢失和遗漏。其次,信息化建设中应当注重系统技术维护工作,在进行技术维护或软件更新时应当进行财务数据和重要资料的存档,避免数据丢失。再次,要加强安全防范意识,制定相应的信息安全管理制度,按照操作流程进行安全登录,避免由于人为因素造成的信息或数据丢失。最后,对信息化平台中的数据信息进行备份,定期对各种平台和操作软件进行病毒查杀,保障系统安全运行。

第四节　财务管理人员转型

随着财务管理转型的推进,对财务人才的要求也发生了变化。企业需要加强财务人员的培训和教育,提高财务人员数字化技能和综合素质,以适应新的财务管理模式。

一、财务管理人员自身思维的转型

财务管理的转型不仅仅是技术和工具的转型,更需要财务管理人员思维的转型:财务管理人员要关注历史数据的记录和核算,更要注重对未来业务发展趋势的预测和分析,需要学会运用数据分析工具,挖掘数据背后的价值,为企业提供更有价值的决策支持;财务管理人员要从被动地执行上级领导或客户的要求转为更加主动地参与企业战略规划和决策制定过程,并提供专业意见和建议;财务管理人员不仅需要掌握会计、税法等专业知识,随着企业经营环境变化越来越快速复杂,还需要具备多元化能力,如市场营销、战略规划、风险管理等;财务人员不能以传统的固定思维按照既定程序机械地执行工作任务,而是需要具备创新思维,在解决问题时寻找新的解决方案,并不断优化流程。

二、财务管理人员要明确自身职能定位

财务人员不仅仅是核算型人才,还需要成为管理型和战略型人才,因此企业的财务人员应当明确自身的职能定位,以确保实现自我顺利转型。一是不断拓宽视野,应当从企业战略的发展高度出发,不局限于资产负债表、现金流量表等相关信息的分析,还应当能够对企业的生产经营过程进行全面的分析,为企业的战略发展提供更多参考依据。二是不断培养自身的职业专长,充分展现财务人员的专业知识和能力储备。与此同时,财务人员也应当努力打破财务管理和业务管理之间的隔阂,充分利用财务手段解决业务工作当中存在的问题。三是财务人员应当用直观的财务报表反映"业财融合"实际情况,为企业管理提供更加准确的财务依据,加强与其他部门的有效沟通,协调各部门之间的矛盾,从而推动企业内部信息的有效交流。

三、企业要强化财务人员管理

企业应当完善人力资源管理机制,为企业财务人员的转型提供必要的条件,尤其是在企业不断加强战略规划的情况下,"业财融合"已经成为必然趋势,对财务管理的核心战略及人才结构等提出了更高要求,企业应当长远考虑规划布局财务人员的结构,确保财务管理工作的转型成功。可以采取外引内培的方式,一方面高薪引进高素质的财务人才,如总会计师、总经济师;另一方面通过各种培养方式提高现有财务人员的能力水平。针对财务人员的需求层次可以采用多种手段进行聘用,以能够更好地扩充财务人员队伍,在企业内部形成长效稳定的人才培养机制,充分调动员工的工作积极性和主动性,留住企业的核心人才,从而更好地形成协调公平的财务管理环境,推动财务人员转型。

四、企业要提升对现代信息技术的应用能力

企业应当增强财务信息技术的使用,提升现代信息技术的应用能力,这有利于企业内部实现业财数据的融合,减轻财务人员的工作负担,创造新的发展需求,为企业注入新的动力。企业的业务流程当中会存在较多的不同类型的信息数据,部分数据内容和财务系统也有着较为密切的联系,因此财务人员应当提升对于业务流程的熟练程度,能够实现会计信息系统和业务系统之间的转换,加强两者之间的对接。

第五节 基于业财融合的财务管理转型

一、业财融合的内涵

业财融合是指业务部门与财务部门打破部门壁垒和组织边界,以信息技术为手段,以价值创造为目标,通过业务流程与财务流程的贯通衔接、业务数据与财务数据的融通共享,实现业务与财务的有机融合。业财

融合的目的是创造价值、防控风险;业财融合的内容是业务与财务数据融合和流程融合;业财融合的方式是业务牵引着财务、财务反过来支撑业务,业务与财务相互融合。

业财融合的概念自 2012 年被正式提出以来,被理论界和实务界持续关注并广泛研究,并且认为业财融合是财务转型的必然选择。然而,在实践中推进业财融合仍存在诸多困难,如何充分认识业财融合的重要性,如何将业财融合与财务转型有效结合,从而调动业务部门与财务部门推动业财融合的积极性等问题,这些都有待深入研究和探讨。

二、业财融合是增强企业价值创造能力的有效方式

(一)提高决策质量

高质量的决策是企业高质量发展的关键,而高质量的决策又依赖于充分、有效的信息。企业推进业财融合,实现业务信息与财务信息的融合,从而为企业管理者的决策提供较为全面的信息;通过运用信息技术,对业务与财务信息进行深入、及时的挖掘、提炼、分析,能够为生产经营决策提供高质量的信息,从而有效提升决策的效率和质量。

(二)优化资源配置

企业的资源配置是通过预算管理来实现的,预算编制的准确性直接影响资源配置的效率。为了提高预算编制的准确性,业务部门和财务部门需要共同参与相互配合进行预算的编制。业务部门负责编制业务预算,并向财务部门提供相关业务方面的支持信息;财务部门以企业拥有的资源为基础,以资源使用效率最大化为原则,对业务预算进行汇总分析和审核,从而提高预算编制的科学性和准确性,实现资源价值最大化。

(三)提升经营管理效能

经营管理效能的提升需要高效的经营管理流程作为支撑。企业推进业财融合,要对经营管理流程进行梳理和优化,将业务中需要财务部门参与的环节嵌入业务流程,将财务管理与服务的职能延伸至业务前端,以便

财务人员及时掌握业务信息,有效支撑业务开展;同时,业务流程与财务流程的融合可以使业务部门和财务部门分别从业务、财务的角度审视管理流程的科学性和合理性,并及时优化冗余、低效、不合理的管理流程,提高经营管理效率和效果。

(四)提高风险防控水平

业财融合将财务管理有效地嵌入业务实施过程,对业务进行全过程财务监督和控制,能够及时获取并分析重要的业务信息,及时有效地识别经营管理中的潜在风险,及时进行风险预警并采取措施控制风险,将风险消除在萌芽状态,从而提升企业的风险防控能力和水平,保障企业安全、稳健运营。

三、基于业财融合的财务转型实施路径

(一)财务职能变革

价值创造型财务需要在传统财务职能的基础上强化五种职能,即资源配置、业务支撑、决策支持、战略协同和财务监督管控职能,才能让财务管理充分融入经济业务的全过程并有效发挥作用。

1.资源配置职能

资源配置职能是指在经济业务前端,财务管理要充分整合企业资源,以全面预算管理为手段,以企业战略为导向,以企业价值最大化为目标,科学配置企业资源,确保将资源合理配置于符合企业战略方向和效益要求的业务。

2.业务支撑职能

业务支撑职能是指在经济业务运行中,财务管理要强化业务支撑,及时有效地参与到业务流程中去,充分发挥财务人员的作用,利用财务的专业知识支撑业务发展。

3.决策支持职能

决策支持职能是指在经济业务的全流程中,财务管理要充分挖掘业务信息、财务信息、金融市场信息和其他信息,有效利用管理会计工具,强

化财务分析、税务筹划和资本运作,为经营管理决策提供支持。

4.战略协同职能

战略协同职能是指财务战略要与企业战略相衔接。财务战略是企业战略中的一部分,要服从并服务于企业总体战略,通过合理规划配置资源,促进企业战略目标实现。

5.财务监督管控职能

财务监督管控职能是指以国家法律法规和企业内部规章制度为依据,通过建立健全财务监督机制,监控企业经济业务的运行是否符合法律法规和财务规范,防范财务风险,推动企业优化制度和业务流程,确保企业经济业务运行合法合规。

(二)财务管理模式变革

为了适应财务管理职能的变化,企业需要建立配套的财务管理模式。传统的财务管理采取事后分散型财务管理模式,侧重于事后核算与分析,各业务板与子企业财务管理职能分散、各自为政。在经济社会飞速发展的信息化时代,传统的事后分散型财务管理模式因不适应企业高质量发展的要求而受到越来越多的批评。为实现价值创造型财务转型,传统的财务管理模式需要变革为价值链全流程集约式财务管理模式,具体包括针对价值链的财务管理和集约式财务管理两个方面。

1.价值链财务管理

价值链财务管理要融入企业的业务链和价值链,通过深度参与业务链和价值链的规划、预测、控制、分析、评价等活动,为价值链各环节的合规、高效、有序运转提供财务支持,确保企业内部价值链和由企业间价值链组成的价值链联盟的价值最大化。在价值链财务管理模式下,财务管理的边界在时间和空间两个维度进行了拓展。时间维度上,以全业务流程财务管理为核心,按照事前统筹谋划、事中实时控制、事后分析评价开展财务管理;空间维度上,将财务管理的视角从企业内部扩展到由企业间价值链(客户、供应商)组成的企业价值链联盟。

2.集约式财务管理

集约式财务管理要实现会计集中核算、资金集中管理、资源统一配置:通过建立财务共享中心,实现会计集中核算;通过建立集中统一的资金管理平台,实现资金集中管理;通过建立统一的全面预算管理体系,实现资源统一配置。

(1)建立财务共享中心

集团型企业应在统一会计政策、会计科目、会计处理流程和会计核算标准的基础上,建立财务共享中心,集中处理集团内企业的会计核算、结算支付等标准化业务,提高工作效率。

(2)建立集中统一的资金管理平台

集团型企业应建立财务公司等集中统一的资金管理平台,实现集团内各成员企业资金集中归集、集中结算、统筹调度。统一资金管理可以有效地提高资金的使用效率,进一步降低集团型企业整体资金成本,从而提升企业价值。

(3)建立统一的全面预算管理体系

预算管理是实现资源配置的有效手段。集团型企业应实现对预算的统一管理,科学确定预算管理目标,统一预算编制标准,强化预算审核,统筹调配企业资源;强化预算执行管控,实行预算刚性约束;强化预算分析评价,严格预算执行考核,确保资源利用的效率和效果。

四、业财融合实现从业务到财务再到业务的闭环融合

第一,业财融合,不是财业融合。业财融合的本质是为了更好地实现业财的数据融合,以此来支撑业务和持续创新的需求。实际工作中业财融合的很多做法是以财业的融合为出发点,没有本着为业务进行决策支持服务和帮助业务提升管理效率的思维实施,这种业财融合在推进中会遇到各种障碍,因为财务端核算的效率已经大大影响了业务端的执行效率,财务以管控的思维牺牲业务端的效率,增加大量业务的工作量。这种情况下,财务所建立的任何信息系统都容易形成孤岛问题,都容易变成财

务部门自己使用的信息系统,难以成为业财融合的系统。所以今天财务的数字化转型面临的最大的难题就是业财所进行的横向贯通,纵向穿透遇到的难点。

第二,业财融合是双向互动的融合,实现闭环管理。业财融合首先是从业务端到财务端,业务端录入的数据和核算单的数据进行有效的映射和对应关系,实现自动核算,智能审核,智能报销。以真正地从业务端到财务端的思维来去考虑会计核算的效率问题,最终实现预算管理自动核算、合同管理自动核算、项目管理自动核算、成本管理自动核算、税务管理自动核算等等。然后利用信息系统所产生的大量数据,通过科学的数据治理,经过分析后为业务端的管理提供决策支持,通过实现闭环管理推动业财融合。

第三,利用中台技术推动业财融合。中台技术不是系统集合平台,中台需要借助中台化技术,需要打开财务共享的边界,打开管理会计信息系统的边界。从业务财务组织,流程与岗位职责划分、数据治理,构建全面数据穿透贯通、高效业财协同的业财数据融合体系。实现业务数据财务数据在不同组织、系统间的贯通,打破组织壁垒。打通业务系统及财务系统之间的数据孤岛,实现企业各个业务信息系统与财务信息间的数据融合,让所有交易数据及时地、准确地、自动地传递到财务信息系统。

第六章　医院财务管理

第一节　全面预算管理

一、全面预算管理的内涵及特征

医院全面预算管理是根据医院战略目标确定年度预算目标,利用预算管理手段对医院的资源进行合理分配、对执行过程进行控制和对执行效果进行绩效评价考核的过程,通过预算管理实现医院年度目标,最终促进战略目标的顺利实现。医院全面预算管理与医院的战略规划密切相关,有效的预算管理制度可以通过发挥其资源配置和绩效评价等功能,优化资源配置,考虑各类政策性及内外部环境风险,提前预测规划,促进目标实现。

医院全面预算管理的"全面"主要体现在三个方面:一是经济活动全覆盖。凡是可以用货币计量的经济活动都是预算管理的内容,包括收入、支出、筹资、投资、医疗服务活动等。二是部门全覆盖。凡是所有参与经济活动的部门都是预算管理的对象,都要对预算目标完成情况负责。三是经济活动过程管理全覆盖。经济活动的事前预测规划、事中执行控制、事后分析评价都是预算管理的范畴。

二、预算管理的功能

医院全面预算管理是一种综合性管理工具,不仅可以发挥计划、控制、协调、激励、评价等作用,而且具有全员参与、战略规划的优势特征,在医院的战略部署、资源配置、考核评价等方面起到不可替代的作用,具体如下：

（一）规划未来

预算管理是对预算目标进行的量化管理，同时将预算目标层层分解，逐级下达并落实，使其成为各部门科室的工作目标。预算管理以医院战略为导向统一各级部门科室工作目标，督促各部门科室根据自身的工作情况，制定切实可行、科学合理的任务安排并贯彻执行，最终实现医院的战略目标。

（二）沟通协调

全面预算管理是一个综合性、系统性的管理工具，各环节之间紧密关联，因而一个关键点的变化可能会导致整个系统发生变化。例如，收入预算指标是依据医院的人均费用和工作量水平等进行编制的；资本预算需要依据医院整体战略规划和采购计划等来确定；财务预算又需要基于运营预算和资本预算等进行编制。预算管理也是一个有效的沟通手段，触及医院各个方面，编制预算时，各部门之间要进行充分的沟通交流，从大局出发，尽可能减少冲突，部门间通力协作，共同实现医院的运营目标。

（三）强化控制

预算的编制是通过"二上二下"的流程，将总体目标进行细化，层层分解落实到各部门的过程。建立责任中心，实现岗位权、责、利的对等，有效地提高各部门和员工对目标任务的重视度，充分调动员工的积极性和工作热情，全面提升管理效率。由于全面预算管理能够将"触角"延伸至全院各个部门的经营活动中，更有利于医院对经营活动全过程进行全方位监控，及时发现在经营过程中各部门预算执行存在的重大问题，并指导相关管理部门和主要责任人员全面、合理、有效地履行管理职责，及时纠错，以挽回经济损失。

（四）资源配置

全面预算管理是对医院的资源进行科学的配置，不仅能直接反映医院各项业务对资源的需求大小，还能体现出各类资源的使用效率。基于医院经营的实际需要,运用科学合理的方法编制预算,是现代医院高质量发展的内在要求。医院在编制预算时,必须开展充分的市场调研,深入分析自身经营状况,基于战略发展规划,科学决策,合理客观地编制预算,避免不切实际、盲目、"拍脑袋"的预算编制,以实现医院有限资源的价值最大化,减少不必要的浪费,提质增效,降低整体运营风险。

三、预算管理的组织体系及职责

医院预算管理组织体系是实施预算管理的基础,承担着预算目标的确定、预算的编制、审核、执行与控制、考核与分析等职责。医院应当结合内部组织架构和管理需要,健全预算管理的组织体系,建立由预算管理委员会、预算管理办公室、预算归口管理部门和预算科室四个层级组成的预算管理组织体系,医院所有科室都要纳入到预算管理体系中,从而确保预算责任能够落实到每一个具体的科室。

预算管理委员会是预算管理的决策机构,通常由医院负责人担任主任委员,财务部门分管院领导担任副主任委员。预算管理委员会的主要职责有:审议预算管理的所有制度;审议预算总体目标;审议总预算草案及各预算归口部门、各预算科室预算草案;审议预算调整方案;审议财务年度决算报告及财务分析报告;审议年度预算分析报告;审议预算管理相关的其他重大事项;沟通协调解决预算管理过程中存在的问题;监督指导预算管理办公室的工作。

预算管理委员会下面设立预算管理办公室,办公室通常设立在财务部门,主任由财务部门负责人兼任,财务科至少设置一名专职的预算管理员,办公室牵头负责全面预算管理的日常工作。各预算科室设立一名兼职预算员,具体负责本科室的预算管理工作。预算管理办公室具体职责有:制定预算管理方面的制度并提交委员会审批;组织和指导预算科室编制预算;汇总并初步审查预算草案,对草案进行综合平衡;汇总编制医院全面预算方案并提交委员会审议;组织和考核预算执行情况并负责编制分析报告;负责预算绩效考核评价并编制报告;向预算归口管理部门下达正式预算;汇总各部门的预算调整申请并提出具体的调整方案;定期组织召开预算委员会会议并负责汇报预算执行情况;负责落实预算实施中的内、外部协调工作;完成预算管理委员会交办的其他事项。归口管理部门分收入预算归口管理部门和支出预算归口管理部门。收入预算归口管理部门主要包括医务科、财务科、科教部、医疗保险办公室、体检中心等部门;支出预算归口管理部门主要包括组织人事科、总务后勤部、医学装备部、药学部、信息科、科教部等部门。归口管理部门的具体职责:初步审核各预算科室的预算,并汇总上报预算管理办公室;根据预算管理委员会意见修改预算科室的预算,并向预算科室下达正式预算;收集各预算科室的预算调整申请,进行初步审核后报送预算管理办公室;对预算科室的预算进行情况进行监控、分析。

预算科室包括医院所有科室,是预算管理的具体执行层。预算科室的具体职责:根据本科室的工作目标编制本科室的预算,并将预算报给预算归口管理部门汇总;按照预算审批意见修改科室预算;提出预算调整申请;执行批复的预算,并接受监督检查。

四、预算管理的主要环节

(一)年度预算总目标的制定

确定年度预算总目标是预算管理工作的第一步,医院年度预算目标是战略目标在各年度的具体体现,年度预算目标必须与医院的战略目标、内外环境、资源情况等相衔接相匹配。医院预算的目标制定与医院战略规范有着直接的关系,医院在实施预算时先要围绕医院战略确定预算总目标,并利用预算总目标约束整个预算管理过程。

医院在制定预算目标时,应注意:第一,预算期内医院医疗活动预算目标的制定应围绕战略目标,并通过预算的执行保证医院战略目标的落实;第二,预算指标的选择应该是可量化的,预算目标的制定应该是科学的,是经过努力可实现的,预算目标为预算控制及考核提供依据;第三,预算目标的实现需要协调医院各责任部门利益关系,加强部门协同,调动员工积极性。

医院预算目标受到内外部环境影响,医院应在评估自身所处的环境、竞争对手、资源和能力等因素的基础上明确自己的优势和劣势,最终确定预算目标。医院为使预算管理具体化、精细化,确保预算目标落地,医院预算管理总目标确定后,还需要进一步分解落实到具体的科室,具体可按照预算的空间与时间维度进行分解。预算目标按照空间维度分解是指按照各级科室或职能部门以及工作岗位分解,分为自上而下的预算目标分解和自下而上的层层分解。

(二)预算的编制

预算编制是医院预算目标得到具体落实的重要环节,其编制水平的高低直接影响预算管理能否真正起到管控作用,预算编制主要包括收入预算和支出预算的编制。

收入预算编制是预算编制的起点,医疗收入预算一般采用增(减)量预算、零基预算等方法编制;财政补助收入预算由医院财务部门在分析历年金额以及医院发展趋势的基础上分析编制;科教项目收入预算由科教科充分考虑医院科教项目申报与批复情况的基础上分析编制;其他收入预算编制的主要内容包括培训收入、利息收入等,由教育处、医务处、财务等收入归口部门在历年数据基础上分析编制。

支出预算按照"谁干事,谁花钱"原则,由经费开支部门编制本部门支出预算,并报经费归口管理部门汇总。

(三)预算审批

医院内部财务预算和部门预算编制完成后需经医院内外预算决策机构审批通过后才能执行。预算审批主体包括医院内部的决策机构如全面预算管理委员会、院长办公会、医院党委会、职工代表大会和医院外部的业务主管部门。

(四)预算的执行

审批通过的预算即成为预算执行者的行动目标和指南。为了保障预算工作按照既定计划和目标执行,医院需要对各预算执行者和预算项目执行过程进行控制和监管,以便及时发现问题并进行调整。

（五）预算调整

医院预算一经批复不得随意调整,只有当外部环境发生重大变化或者内部发展战略重大调整以及存在其他重大事项对预算产生重大影响时,才能按流程进行调整,通过调整让预算更加科学,确保医院的正常运营和发展。

（六）预算执行结果的分析与考核

预算分析和考核是预算管理过程中的重要环节,它们有助于确保预算的准确性和有效性,以及实现预算目标。预算分析主要是通过对预算执行情况进行深入研究,找出差异和原因,为后续的预算调整和改进提供依据,预算分析包括差异分析、趋势分析、对比分析。预算考核则是对预算执行情况进行评价和奖惩的过程,旨在确保预算目标的实现。预算考核通常先设定考核标准,然后收集数据进行分析,接着确定考核结果,最后进行奖惩。

通过预算分析和考核,企业可以及时了解预算执行情况,发现问题并采取相应的措施加以解决,从而确保预算目标的实现。同时,预算分析和考核也可以为企业的决策提供有力的支持,帮助企业更好地应对市场变化和风险挑战。

五、预算管理信息系统建设

（一）信息技术

信息技术是医院实施预算管理的重要手段,医院应从以下几方面加强预算管理信息化建设,提高预算管理效率:一是对预算管理全过程实现信息化管理,从预算编报提交到预算审核、执行分析、全程监管都从线下移至线上,提高医院管理和运行效率;二是通过接口打通预算管理系统与会计核算系统、固定资产系统、物资管理系统、报销系统、合同管理系统等系统壁垒,实现跨领域数据交换与共享;三是实现预算实时管控,通过与申请单、借款单、报销单、付款单的对接,将全面预算的控制规则贯穿于事前、事中与事后全过程。

(二)预算信息系统

预算信息系统的功能规划对后续的预算管理工作效率的提升非常重要,因此,医院财务管理部门要充分重视功能规划工作。具体来说,预算管理系统的功能可以分为总体功能和主要功能两个方面:

预算信息系统的总体功能:一是系统覆盖预算编制、执行、控制、分析、调整各个环节,实现全过程闭环式管理;二是按照医院预算管理办法进行预算方案设计,如预算期间、业务计划、预算指标、相关样表等;三是预算类型包括收入预算、支出预算、项目预算、采购预算、资本性支出预算,真正实现全面预算管理;四是预算按期分解到末级核算单元,支持"两上两下"的编制过程管理,并能灵活进行调整,最终形成相关预算报告;五是自定义是否进行预算预警与控制,灵活提供超预算业务处理方式。

预算信息系统主要功能包括以下几个方面:

1. 预算准备

通过权限管理设定用户的功能权限和数据权限,功能权限包括菜单权限、编制权限、发布权限;数据权限是对预算表内具体数据的查看权限,系统分别在编制环节和职能科室审核环节提供数据权限控制的设置。

2. 预算模型

结合医院实际定制预算编制模型,确定预算编制的指标、维度与度量方式。维度包括预算科室、职能科室、预算指标、资金来源及自定义维度;度量是用来描述维度的具体数值如预算值、审核值、批复及自定义度量。定义好维度与度量后可通过拖拉拽或 Excel 导入方式生成预算方案模板与样表。

3. 预算编制

支持预算上报审核、生效下达及工作流程审批;支持多种预算编制方法;编制的预算范围包括收入支出预算、专项预算、采购预算、资本性支出预算、计划类预算、科教项目预算等；支持职能科室代编和业务科室自编的模式。

4.预算调整

支持预算追加、科室内的预算调整、科室与科室之间的预算调整。系统支持用自定义工作流对预算变更调整的申请及审批进行流程控制。

5.预算执行与控制

系统支持与外部系统联用进行执行控制，如与医疗业务系统、财务、支出控制、成本、物资、资产等系统对接，实现支出控制、成本物资采购计划、设备资产购置计划与预算数据联合控制，以及在财务核算系统中可以实时产生预算执行凭证，并且可查询当期预算编制内容和预算执行情况。

6.预算执行分析

系统对院级、职能科室、业务科室的预算执行情况提供统计汇总。按照不同角色的统计分析需求，系统支持不同的统计汇总项及汇总方式。

(三)预算管理信息化

预算管理信息化建设过程中应该注意下面几个方面：

第一，医院预算信息系统必须与其他业务系统进行接口对接，形成数据共享，减少预算管理的工作量，提高预算管理的科学性和管理效率。一是在设计环节，应先站在整体规划的高度，统一人力资源、资产、科研、药品、卫生材料等信息，将关注点重点放在数据的标准、质量、安全、价值展示与应用等方向。二是摸清家底，全面梳理目前现有的信息系统之间的关系，包括账务处理系统、成本核算系统、HIS系统、物资资产管理系统、OA系统等，统一出台接口方案。如有可能，可以考虑在实现各系统互联互通的基础上，进一步整合现有的系统，构建一体化的医院运营管理信息系统。

第二，医院应建立预算协同管理平台，提高预算管理水平和管理效率，协同平台应包括如下功能：一是要实现数据的溯源，根据医院管理的需要，可以按照预算的科室、预算的具体指标或者预算的项目等不同维度进行数据的上下钻取，从上往下钻取到最小单元，从下往上钻取至最大单元,从而实现数据的溯源。同时要建立指标管理的预警机制,对核心指标实现实时监控,发现异常情况及时查找原因并采取应对措施。二是要实现预算的自动核销和自动分析,实现预算的过程控制,实现财务会计科目与预算项目之间的映射。

六、医院全面预算管理中存在的问题及对策

(一)医院全面预算管理中存在的问题

1.预算管理组织体系不够完善

目前许多医院预算管理的组织体系比较简单,只有两个层级:一是决策层即预算管理委员会,其主要职责是处理宏观层面的问题,如制定预算目标和审核预算;二是执行层即医院各职能部门,主要负责预算编制和执行。随着医院规模的不断扩大和全面预算管理的复杂化,这种管理结构的弊端也逐渐显现出来。一方面,预算管理委员会的工作任务重,需要设置中间层级协调各方预算管理工作。另一方面,预算管理比较专业,各职能部门缺乏专业的预算人员,难以编制高质量的预算,也难以保证预算执行的有效性。

2.预算编制不够科学

预算编制过程中存在内容不完整、方法过于单一的问题,大大降低了预算编制的质量。首先,预算内容不完整。大部分医院注重收支业务预算,忽略现金流量预算,难以保证预算的完整性;重视年度预算,忽略季度或月度预算,难以进行预算实时监测和控制。其次,预算的方法过于简单。部分医院在预算编制过程中长期采用单一编制方法,未能根据预算项目的实际情况灵活选择合适的编制方法,不能保证预算编制的质量。如编制收入预算时,没有考虑到门诊人次、住院人数、次均费用、床位数、平均住院日等指标以及医保支付政策等因素,只是简单地按增长率进行预算。

3.执行控制较为薄弱

一些医院在预算执行方面没有建立控制机制,导致预算管理形式化,

主要表现在两个方面:一是执行力度不够,部分医院年度预算没有分解为季度、月度预算,有些预算科室没有明确规定各岗位的预算管理职责,如果预算超支,难以确定具体责任人,不利于预算目标的实现。二是监管不足,由于缺乏专业的监管部门或者监管人员专业能力不足,难以充分对预算执行情况进行有效的监管。

4.预算分析不够严谨

预算分析的任务是主要由财务部门具体执行的,但是一些财务人员对医疗业务的情况缺乏了解,难以从医疗业务的角度对预算进行深入的分析,有时不合理的预算支出可能会被忽略。财务人员在分析预算时,主要关注财务数据的对比,对于药占比、卫生材料占比等业务指标难以深入、全面、科学地分析。

5.预算考核不够完善

部分医院仅对预算执行结果进行评价,忽视预算的过程管理,导致预算评价缺乏动态性和连续性。另外医院在制定评价指标时缺乏科学性和全面性,主要关注财务方面,忽视了内部流程和患者需求,直接影响了预算评价的效果,评价结果没有及时反馈给被评价对象,也没有实施必要的奖惩措施,严重削弱了预算评价的约束力。

(二)医院全面预算管理的优化措施

1.完善预算管理组织体系

为了解决两级管理组织体系存在的问题,医院可以建立四级预算管理组织架构。第一层级是预算管理委员会,其核心职责是决策和部署。第二层级是预算管理办公室,负责协调日常管理的工作。第三层级是预算归口管理部门,负责归口科室的预算管理工作的协调和控制。最后是第四层级的预算科室,负责预算的具体管理。

2.提升预算编制质量

首先要细化编制内容。在医院预算编制过程中,除了注重收支预算外,还需要科学编制财务预算和现金流量预算。同时,要明确每个部门和岗位的预算目标,财务部门需要与业务部门保持密切沟通,细化预算项目。其次,要综合运用多种预算编制方法。根据预算项目的具体情况,灵活选择合适的编制方法,避免长期依赖某一种方法,对于复杂性的预算项目要求将若干不同的方法结合起来。

3.加强预算执行控制

首先要提高预算执行效率。医院需要明确预算执行的责任主体,对预算执行情况进行实时跟踪分析,以便及时调整预算的具体内容。在实际工作中,医院需要合理划分各级预算管理职责,分层分级落实预算管理责任。其次要加强监督管理。医院要尽快完善监督管理机制,加强事前、事中、事后监督管理。

4.优化预算分析流程

首先要优化工作流程。医院可以先根据实际需求进行院级预算分析,再将细化的预算分析任务分配给各科室。预算管理委员会定期组织召开委员会的会议,由预算管理办公室汇报预算执行情况、存在的问题,以问题为导向制定切实可行的执行标准和优化措施。其次是优化内容。医院在进行预算分析时,需要进一步拓宽分析的范围和内容,通过对比财务和非财务数据,全面了解预算的执行情况,预算分析可以从完成工作任务、执行预算金额、实现预算目标等多个方面进行。

5.健全预算考核机制

医院要建立奖惩制度,对预算完成情况好的部门和人员进行激励,对预算完成情况差的部门和人员进行批评。医院可以将预算执行情况列入内部绩效考核的范畴,与各部门绩效发放紧密联系起来,增强各部门员工的责任感。

七、业财融合下医院全面预算管理探究

(一)业财融合的概念

医院的业财融合是将医院的业务活动和财务活动进行有效结合,医疗业务信息和财务管理信息实现无缝对接,通过精细化的数据分析、预测,提高运营效率和管理水平,优化资源配置,推动医疗业务的全面发展。

财务管理部门不仅仅只对业务部门进行单方面的管控,更重要的是要为业务部门提供服务和支持,要实现业务部门与财务部门之间的信息共享,促进二者之间的高效沟通和良性互动。

(二)业财融合视角下全面预算管理策略

1.建立战略导向的全面预算管理模式

预算是战略执行过程中的重要管理工具,是医院实现战略目标的重要抓手,医院的总体战略目标也是预算管理要实现的最终目的。医院全面预算管理是对战略进行认识、执行、控制、实现和再认识的闭环过程。通常,医院将战略目标分解为每年的年度目标,全面预算管理将年度目标进行量化,并细分为每个科室、每个季度甚至每个月的具体目标,这些目标包括医疗业务目标指标和财务管理目标指标,两种目标指标紧密结合、相互影响,共同促进医院年度目标的实现,最终实现医院的战略目标。因此,没有战略导向的预算是失去目标的盲目的预算,没有预算支持的战略是不现实的是难以实现的战略。

2.构建业财融合的全面预算编制体系

建立业务与财务相结合的预算管理制度,优化预算编制管理流程,严格落实预算科室的责任。建立三级预算制度,业务部门、归口管理部门和预算管理委员会共同形成三级预算管理体系,并将预算管理责任落实到每一个科室,提高预算管理的效率。各业务部门需要根据年度工作计划和医院发展战略编制预算,归口管理部门需要根据设定的权限审核相应的业务部门预算。这种预算编制流程要求医院的所有部门都参与预算编制,这样可以充分发挥预算归口管理部门的业务优势,明确各科室的权、责、利,倒逼预算归口管理部门细化预算,提升预算管理水平。

3.加快预算管理信息化系统建设

医院预算管理信息系统需要与医院其他信息管理系统进行有效对接,实现预算系统与财务会计系统、HIS 系统、OA 系统、成本系统、资产系统、人事薪酬系统、绩效系统的无缝对接,实现系统之间的互联互通,信息共享。通过构建预算管理信息系统,实现了预算管理横向和纵向的有机整合。在横向上,基本支出预算、项目支出预算和资本性支出预算有机结合;在纵向上,实现了以业务流为主线的全面预算闭环管理,为医院的决策提供有效的动态的数据支持。

4. 加快业财融合型财务人员的培养

医院精细化管理要求财务人员不应局限于事后核算,而应该走向前端,财务人员需要对业务流程和关键环节有更深的了解,从过去被动服务于业务部门转变为主动参与和监督,实现医疗业务运营管理事前、事中、事后的全面管理。为了实现财务部门与业务部门的高效沟通和良性互动,需要加强财务人员的专业培训,优化双方的沟通机制。

5. 建立基于业财融合的预算绩效评价和考核体系

科学合理的预算绩效评价与考核机制是预算管理的重要环节。为了充分发挥预算的约束和激励作用,需要构建一套科学实用、与医院发展战略规划相匹配的预算绩效评价指标体系,为各业务单元的医疗业务活动提供明确的评价标准,有助于实现医院的战略发展目标。基于业财融合理念的预算绩效评价指标既要包括资产运营效率、成本回报率等经济指标,也要包括门诊人次、出院人次、门诊次均医疗费用、住院次均医疗费用、平均住院天数等业务指标。同时应定期披露预算执行情况,以便对医疗业务活动进行调整,从而实现预算管理目标。

6. 以全面预算管理为抓手,实现医疗业务和预算财务的深度融合

基于业财融合的全面预算管理体系中,医院的业务部门和财务部门需要共同参与预算管理的全过程,将医院的发展战略节点细化为预算管理,以实现医院的经营管理和医院的战略目标紧密结合。通过预算工具跟踪医疗业务活动的情况,对预算管理过程中出现的偏差及时进行调整。全面预算管理涉及医院经营活动的方方面面,包括成本控制、医疗质量管理、战略发展等。要摒弃过去以部门为基础的运营管理思维,整合业务和财务流程,实现信息互联互通,使预算更加全面,让财务管理活动和经营活动有机地结合起来。在预算管理上,我们结合"自上而下"和"自下而

上"的管理策略,将医疗业务和成本控制指标纳入预算,通过将预算执行与财务报销紧密结合,推进预算控制关键节点,加强预算控制,强化严格预算约束,防范预算财务风险,规范医疗业务流程,确保医院战略目标的实现。

第二节　内部控制

一、医院内部控制的内涵

医院内部控制是医院管理者为确保法律法规及经营方针政策的贯彻执行,维护财产物资的安全与完整,保证医院财务会计和其他相关信息的准确性、及时性、可靠性,提高医院经营效率,避免或降低各种风险,促进医院经营管理活动的经济性、效率性和效果性,实现既定的组织目标而制定和实施的一系列控制方法、措施和程序。简而言之,它就是一种自我检查、自我调整和自我约束的行为,涵盖了人、财、物等各生产要素及相关的业务活动。

二、医院内部控制建设的原则

(一)全面性原则

全面性原则是指内部控制应当贯穿于医院所有经济活动的全过程。全面性体现在三个方面:在人员方面,医院所有员工都要参与医院的内部控制活动;在范围方面,内部控制不仅仅针对医院的重大事项重要业务,而是要覆盖到所有的经济业务活动;在流程方面,内部控制渗透到决策、执行和监督的全过程,也就是每一项经济活动的所有环节都要贯穿内部控制。

(二)重要性原则

重要性原则要求医院在全面控制的基础上,为实现资源的优化配置和有效利用,应该重点关注关键业务环节和高风险领域,并采取更为严格的控制措施加强管理和控制,以提高医疗服务质量、保障患者安全、降低运营风险,从而实现可持续发展。

(三)制衡性原则

制衡性原则要求医院在组织机构设置、部门及人员权责分配、业务流程设计等方面形成相互制约、相互监督的机制,将不同的职责分配给不同的部门或个人,确保各项职责之间相互独立、相互制约,避免一个人或一个部门掌握过多的权力,从而降低内部欺诈和错误的风险,以确保内部控制的有效性和高效性。

(四)适应性原则

医院正处于医疗改革阶段,医保支付制度改革等外部环境不断发生变化,内部精细化管理的要求也日益增加,医院面临的不确定性风险较多,内部控制不能一成不变,必须适应内外部环境的变化而变化,及时调整不断完善,因此内部控制建设是一个不断完善的动态过程。

(五)公益性原则

公益性原则是指医院在制定和实施医院内部控制管理制度时,要全面考虑社会公益性,坚持以病人为中心,兼顾社会效益与经济效益。医院应当通过内部控制,优化服务流程,规范用药、检查和医疗行为,提高医疗质量和服务水平,降低医疗成本,减轻患者负担。这一原则体现了医院作为公共服务机构,其首要任务是为公众提供优质的医疗服务,保障人民群众的健康和生命安全。

三、医院内部控制建设的目标

公立医院开展内部控制建设,首先应当明确控制目标,让目标引导内部控制朝着正确的方向进行设计并实施。

(一)合理保证医院经济活动合法合规

医院必须在国家法律、法规和相关政策文件约束下开展医疗活动和经济活动,严禁出现违法违规行为,这是公立医院内部控制最基本的目标,也是其他目标存在的前提和基础。违反法律法规,不仅影响了公立医院的长远发展,还会影响其社会形象和社会公信力。因此,合理保证医疗行为和经济活动合法合规是公立医院内部控制重要的目标。

(二)合理保证医院资产安全和使用效率

公立医院拥有大量的医疗设备、卫生材料、药品,资产的安全性和使用效率的高低都对公立医院各项工作的开展产生影响。一方面,要落实资产管理责任制,加强资产的日常管理,合理保证资产安全完整。另一方面,要加强内部控制,将资产与预算、采购等相结合,优化资源配置,充分发挥资产效能,确保资产得到有效使用。

(三)合理保证医院财务信息真实完整

财务信息是对公立医院经济活动效率和效果的客观、综合的反映。真实完整的财务信息可以为管理层提供可靠的决策依据。同时,在客观上财务信息也是一种有效的约束机制,有利于公立医院遵守财会相关法规,正确履行职责,提升内部管理水平。因此,公立医院应该加强会计核算、预算、决算等环节的内部控制,确保经营活动的信息能够及时准确地反映在财务报表中,确保财务信息的真实完整。

(四)有效防范舞弊和预防腐败

现阶段公立医院贪污腐败行为、违规收费行为时有发生,防范舞弊和预防腐败这一目标尤为重要并且具有很强的现实针对性。一个健全的内部控制体系能够有效地约束和规范医院内部的行为,医院要通过建立完善的财务管理制度、加强采购和库存管理、建立内部监督机制以及培育医院文化等措施,有效地降低腐败和舞弊的风险,保障医院的稳定运营和可持续发展。

四、医院内部控制优化建议

(一)优化内部控制环境

1.完善内部控制机构

健全的内部控制机构是保证内部控制相关工作顺利开展的前提。医院应建立内部控制领导小组和具体的工作小组,确定内部控制的牵头部门,牵头部门通常是审计部门,在完善内部控制机构的基础上进一步地明确各部门的职责和分工,确保内部控制的建立和实施保持独立,实现不相容岗位的分离,保证内部控制制度的顺利运行。此外还需要建立相应的风险评估小组,风险评估小组的主要任务是定期对医院层面和业务层面的风险进行评估,并依据评估结果完善内部控制体系。

2.完善内部控制制度

在实际工作中,可以从以下几个方面着手:第一,完善内部控制的纲领性文件,内容包括内部控制的建设目标、基本原则等。第二,结合医院的实际需要,制定有针对性的内部控制措施。第三,进一步完善内部控制手册,手册是作为内部控制的指导性文件,是内部控制建设的成果。第四,加强医院内部控制信息交流,内部控制领导小组定期召开会议,讨论和沟通在实施内部控制过程中遇到的各种问题,部署下一步工作。

3.内部控制宣传培训

医院领导层需要加强学习,掌握国家内部控制方面的相关政策,要充分认识到内部控制对医院发展起到了很好的保驾护航作用,中高层领导要以身作则严格遵守内部控制制度,院内要通过专题会、专题讲座培训等多种方式加大内部控制的宣传力度,提高全体员工内部控制意识和内部控制的能力,确保内部控制制度的有效实施。内部控制绝对不是一个部门或者一个人的事情,而是需要全体员工的共同参与,才能真正提高内部控制工作效果,达到内部控制的目的。

(二)优化风险评估

医院应从管理层面和业务活动层面开展风险评估,对识别出来的风险进行分类、分级,针对不同类型不同级别的风险采取不同的措施进行管理或干预。通过对医院内部控制的风险评估,深入分析医院的实际运营和业务开展情况,及时发现可能存在的风险,如数据不合理、信息泄露等。基于这些风险,可以根据其发生的规律和特征建立预警机制,以便未来再次发生类似风险时能及时进行预警和管理,确保各类风险处于可控水平,从而进一步提高医院的运营管理的水平和医疗业务的安全性。

(三)优化内部控制评价与监督

医院在实施内部控制时,应加强对内部控制的评价和监测,提高内部控制的管理效果。可以建立一个独立的机构对内部控制进行评价和监督,实际工作中,大部分医院由内部审计部门来承担这项职能。在具体的评价和监督过程中,要构建基于医院各层次、各业务活动一体化的评价模型,结合评价结果,进一步分析内部控制存在问题和产生缺陷的原因,并在此基础上制定一系列优化和完善内部控制制度的有效措施。

(四)加强内部控制信息系统的建设

内部控制信息化建设的基本思路有两种:一种是把内部控制措施嵌入在用的业务信息系统中,第二种是把内部控制措施与业务进行整合,新建自带内控功能的综合业务管理系统,或者说把业务放在内控信息系统中运行。两种思路都是为了实现内部控制与业务的一体化运行。对信息化基础比较好的医院,建议选择第一种内控嵌入业务系统的模式,可以对现有业务信息系统进行升级和优化,开发和扩展内部控制功能,将医院内部控制的流程和措施整合到现有系统中,提高现有系统的内控能力,使其满足单位内控的需要。对信息化程度低的医院,建议选择内控整合业务模式,在新建业务信息系统时,一步到位同步考虑相关的内部控制要求,快速满足内部控制的要求。

五、大数据背景下医院内部控制建设措施

(一)大数据背景下医院内部控制的价值分析

在大数据环境下实施医院内部控制,可以有效扩大医院内部控制的覆盖范围。在传统的医院内部控制模式中,医院主要依靠人力进行权力监督和国有资产管理,这种做法往往会导致诸如数据收集不及时、权力和责任落实不到位等问题,使内部控制仅限于医院的内部业务,无法充分考虑到患者的需求。而在大数据技术的驱动下,医院依靠互联网技术,让患

者通过手机进行预约、挂号、就医、信息获取和费用支付等医疗活动。利用大数据技术,可以记录和保存这些活动的路径数据,从而方便医院的内部管理。利用大数据技术,可以更好地改善医院关键运营环节的数据收集和整理工作,从而减少人为干预,扩大医院的内控范围。

在大数据环境下实施内部控制,有助于明确权责,确保责任到人。在传统的内部控制模式中,财务内部控制主要依靠会计与出纳不是同一个人、定期进行资产清查、组织外部财务审计等手段。但是,这种模式具有很强的随意性,容易导致人员之间的相互勾结和责任不清,从而影响内部控制的有效实施。如果采用大数据技术,所有的管理和业务审批都会用系统化处理,都会在系统中留下详细的数据记录。当内部控制出现问题时,可以快速识别问题并将责任归咎于相关人员。

(二)大数据背景下医院的内部控制措施

1. 更新医院管理理念,提升管理层内控意识

医院管理层应该意识到,如果医院只有良好的医疗水平,内部控制措施缺失,就会导致医院腐败等违法违规行为的发生,给国家财产造成损失。医院管理者应在提高专业技能的同时积极学习管理知识,只有充分了解内部控制才能进一步重视内部控制工作。医院组织架构的设置应符合内部控制的要求,充分体现执行、决策、监督三权分立,确保把权力关在制度的笼子里,有效实施内部控制,防止滋生腐败。在国家政策的推动下,医院应积极引入大数据,将大数据应用与内部控制相结合,为人民就医提供便利,促进大数据技术与内部控制制度的协调发展。

2. 发挥大数据技术优势,加强医院风险评估工作

医院应充分利用大数据的优势,利用大数据收集、分析数据,用数据说话,更加科学地评价医院的经营合规性、资产使用合法性、财务信息真实性、医疗服务的高效性。通过大数据的综合应用,医院可以进一步完善其内部风险评估流程。在进行风险评估时,我们需要明确具体的评估标准。医院可以利用大数据评估人力资源绩效,创建数据共享平台管理资产和采购库存,将大数据技术应用于财务报告和合同管理,可以更有效地

规避潜在风险,实施内部控制。医院应重视数字化平台建设,加大智能化投入,在为患者提供服务的同时,将关键内控环节融入大数据信息系统。

3.注重信息化建设,构建完善的内部控制制度体系

医院的日常经营管理活动离不开信息技术的有力支持,一个强大的信息系统可以帮助医院精准及时地捕捉和记录医疗活动和财务管理中的每一个细节。同时,管理者还可以利用大数据分析医院管理和医疗服务中可能存在的风险,进而构建一套面向患者、面向医疗、面向管理的综合内控体系。医院应基于大数据,从多个维度加强和完善内部控制制度。

(1)医院应依托医院信息系统,建立电子病历系统。该系统是一个全封闭的临床数据管理平台,可以完整记录和跟踪患者从就诊到出院的全过程。医院要将医疗的内部控制标准和管理的措施植入到电子病历系统,通过系统可以将全过程规范和监管医生的诊疗行为,从而提高医疗服务质量和服务效率。如:通过合理用药系统对医生的处方进行点评,规范用药管理,控制医疗领域的"大处方"等不良风气;通过在 HIS 系统植入物价收费规则,在医院开具处方时如果触发到规则,系统会自动弹框提醒或者直接限制,有效避免医院收费不规范的行为;通过将危机值的管理流程植入到系统,实现检验、放射、功能等项目的危机值的闭环管理,让医生第一时间收到提示并处理,保证患者安全。

(2)要建立以生命周期为主线,以财务管理为中心,以全面预算管理为主导的内部控制体系。运用大数据技术规范医院的预算、采购、成本、人力绩效管理,确保医院的人力资源、采购、运输、资金、信息流都在内部控制范围内,从而不断优化医院的管理流程、管理措施,提高内部控制的有效性。如利用供应链系统规范药品、卫生材料、后勤物资的管理,改变传统的由职能部门根据经验制订采购计划以及库存管理不规范的行为,供应链采购模式下所有的采购需求都由使用部门发起,职能部门进行汇总后再结合库存情况进行调整确定采购计划。

(3)建立医院统一支付对账平台。医院统一支付平台整合各种支付方式,如银行卡、微信、支付宝、窗口、自助机、公众号等支付渠道。平台实

现统一退费管理,可以实现原路退回,系统自动匹配退费金额,大大简化了收费窗口工作人员的退费操作流程,提高了工作效率。此外,医院统一支付平台还需要与医院的 HIS 系统、银联 POS 及在线支付、支付宝及微信在线支付等系统进行对接,实现支付对账的统一处理。这样,财务人员可以通过平台直观看到每一笔的业务交易情况,可以在同服务平台上完成对账业务。总的来说,医院统一支付平台可以优化医疗服务流程,提高患者的就医效率和满意度,同时降低医院的资金管理风险及人员运维成本。

第三节　资产管理

一、资产的概述

(一)资产的定义

医院资产就是医院已经拥有所有权或者能够控制(如融资租赁的资产)的、能以货币计量的,并且能给医院带来经济利益的经济资源。这些资源具体包括医院的各种财产、债权和其他权利。

(二)医院资产的特征

1. 专业性强

医院的固定资产中的医疗设备、诊断仪器等,通常其价值高、专业性强,这些设备和工具对于提供医疗服务至关重要,且往往需要专门的知识和技能来操作和维护。

2. 收益性

医院资产存在的目的与其他资产一样,就在于能使资产所有者获取经济利益,这些收益包括经济收益和社会收益,是医院运营和发展的重要支撑。

3. 更新速度快

由于医疗行业的技术进步迅速,新技术的发展离不开医疗设备及新兴卫生材料的支持,医院的固定资产可能需要频繁更新和替换,以保持在医疗技术和治疗方法上的先进性。

4.管理和维护复杂

由于医院固定资产的种类繁多、数量大、使用周期长、分布广泛,管理这些资产的追踪和维护相对复杂。此外,由于医疗设备的专业性,还需要专门的资产管理人员进行管理。

综上所述,医院资产的特征主要体现在其专业性、收益性、更新快速以及管理和维护复杂性等方面。这些特征决定了医院资产管理的重要性和复杂性,需要医院加强资产管理,提高资产配置效率,确保资产的保值增值。

(三)医院资产的分类

医院资产最常见的分类是按照资产的价值形态分为固定资产、流动资产、无形资产。固定资产通常包括土地、建筑物、医疗设备、办公设备和家具、交通运输设备、信息技术设备等。这些资产是医院长期持有并用于医疗服务、教学、科研等活动的物质基础。流动资产通常包括现金、银行存款、库存药品、卫生材料、低值易耗品、应收或预付款项等。这些资产是医院在运营过程中需要频繁周转和使用的。无形资产通常包括专利权、版权、著作权、商标权、商誉、土地使用权等。这些资产虽然没有实物形态,但能为医院带来经济利益和竞争优势。

二、医院固定资产的管理

医院固定资产是指使用年限在 12 个月以上,其价值符合一定标准的非货币性资产。这主要包括房屋建筑物、办公设备、医疗设备等。

(一)固定资产管理的意义

加强医院固定资产管理,对确保医院资产的有效利用、保障医疗服务的顺利进行以及提升医院的整体运营效率等有重大意义。

1.保证固定资产保值增值

通过科学有效的固定资产管理,确保资产得到合理使用和维护,延长资产使用寿命,减少资产损失和浪费,从而实现资产的保值增值。

2.提升医院的运营效率

固定资产是医院运营的基础,对固定资产进行合理配置和管理,可以优化医院内部资源的分配,提升运营效率,为患者提供更加高效、优质的医疗服务。

3.有效规范财务管理

固定资产管理是医院财务管理的重要组成部分,通过规范固定资产管理,可以确保医院财务信息的真实性和准确性,提高医院财务管理水平,为医院的可持续发展提供有力保障。

4.促进医院发展

固定资产的有效管理可以为医院的扩张和发展提供有力支持,随着医院规模的扩大和业务的发展,固定资产的需求也会不断增加,通过科学规划和管理,医院可以确保固定资产的及时供应和有效使用,为医院的未来发展奠定坚实基础。

5.加强风险防控

固定资产管理还能帮助医院识别和管理潜在的风险。例如,通过定期检查和维护医疗设备,可以降低设备故障的风险,确保医疗服务的连续性。此外,对固定资产的合规性进行审查,也可以避免医院因违反相关法律法规而面临的风险。

综上所述,医院固定资产管理对于保障医疗服务的顺利进行、提升医院运营效率、规范财务管理、促进医院发展以及防控风险等方面都具有重要意义,医院要建立完善的固定资产管理制度,确保固定资产的有效利用和管理。

(二)医院在固定资产管理方面存在的问题

1.固定资产管理信息系统不完善

目前很多医院没有建设固定资产管理系统,仍然依赖于原始的人工记录和盘点管理固定资产,医院固定资产金额高,种类繁多,存放地点分散,因此在传统的管理模式下需要的管理人员众多,即便如此还是很难管理到位,账目不清、账实不符、信息不全的情况普遍存在。

2. 固定资产管理不规范

医院在固定资产管理方面缺乏系统性和规范性,在采购、存储、盘点等方面缺乏标准的管理流程和规定,使得管理工作不能科学、有效地进行。如:医院固定资产种类繁多,盘点工作量非常大,因此医院不能按照制度的要求定期盘点,甚至有的多年不盘点,导致严重的账实不符,折旧不准。另外,医院的固定资产管理涉及多个部门或多个岗位,常出现责任不明确,出入库不及时或者不准确。

3. 医疗设备更新的需求和医院预算矛盾

为了满足人民群众的就医需求,新的医疗技术不断推出,一些新技术的开展需要购入专门的医疗设备和卫生材料,医院需要定期更新和替换医疗设备,但医院在医疗设备购置方面的预算有限,不能满足医疗技术发展的需要。另外医疗设备的效益分析取数难,效益分析工作开展不理想,难以评价医院设备的价值。

4. 固定资产的维护保养管理难度大

医院医疗设备的价值普遍较高,为了保证医疗安全,医疗设备需要定期地维护、校准、检测,这些工作复杂且专业性强,对技术人员的专业知识要求高,并且涉及的专业跨度大,医院很难有专业的团队满足所有的医疗设备的维护保养。

(三)医院加强固定资产管理的对策

1. 建立健全固定资产管理制度

建立完善的固定资产管理制度体系,确保对资产从采购、入库、出库、使用、维修、评价、报废的全生命周期进行全面覆盖,确保固定资产的管理职责明确分配到每个岗位和人员,从而真正保障医院固定资产的安全和完整,医院应设立专门的管理部门或者专人负责固定资产的日常管理。

2. 加强固定资产采购管理

规范选择采购招标方式,确保采购流程的严谨性和规范性,同时遵循公平、公开、公正的原则,有效避免违规违法行为的出现,确保采购的资产质量和价格合理;严格执行采购审批制度,确保采购行为符合医院的需求和预算;对采购的固定资产进行严格的验收,确保资产的数量、质量和规格符合合同要求。

3. 加强固定资产的日常管理

建立固定资产台账,详细记录资产所有详细信息,如固定资产的名称、型号、规格、存放地点、购置日期、使用部门、管理责任人等信息。资产管理部门牵头组织人员定期不定期地对固定资产进行清查盘点,确保账实相符,对盘亏、盘盈、报废的固定资产严格按照流程进行处理,加强资产的日常维护和保养,延长资产的使用寿命,从而降低医院的运营成本。

4. 建立固定资产的信息化管理系统

利用信息技术手段,建立固定资产管理信息系统,实现资产的实时跟踪和管理。通过系统对资产进行编码、标识和分类,方便查询和统计。利用系统对资产进行折旧计提、报废处理等操作,提高管理效率。

5. 加强固定资产的内部控制

建立完善的内部控制机制,明确各岗位的职责和权限,确保不相容岗位相互分离。建立固定资产监督检查问责机制,加强对固定资产使用情况的监督和检查。加强对固定资产管理人员的培训和考核,提高其业务水平和职业道德。

6. 加强固定资产的处置管理

对于需要报废或处置的固定资产,要严格按照规定的程序进行审批和处置,处置过程中要确保资产的残值得到合理利用,避免资产的浪费和流失,对处置的固定资产进行严格的评估,确保处置过程合规合法,公立医院固定资产残值变卖收入及时上缴国库。

7. 建立固定资产管理责任制

将固定资产管理的责任落实到具体部门和人员,明确其职责和权限,建立固定资产管理绩效考核机制,将管理绩效与部门和个人的业绩挂钩,对于管理不善或造成资产损失的部门和个人,要追究其责任并进行相应的处罚。

(四)医院流动资产管理

医院的流动资产是指在一年内可以变现或使用的资产。这些资产主要可以分为两类:一类是货币性流动资产,另一类是实物流动资产。货币性流动资产包括银行存款、现金和债券等,实物流动资产包括各种材料、药品、后勤保障物资等。流动资产在医疗机构资产结构中占有非常重要的地位。当前,医院应根据国家政策,全面改革资产管理体制,加强流动资产管理,提高流动资产的使用效率,减少医院财务风险的发生。

1. 医院流动资产管理的意义

(1)保障资金流动性。流动资产是医院日常运营所需的重要资源,包括现金、药品、卫生材料、医疗器械等,有效的流动资产管理能够确保医院有足够的资金用于日常运营,避免因资金短缺而影响医院的正常运作。

(2)提高经济效益。通过优化流动资产管理,医院能够减少不必要的库存积压和资金占用,降低运营成本。同时,合理的应收账款管理可以加速资金周转,提高资金利用效率,从而增加医院的经济效益。

(3)降低财务风险。加强流动资产管理可以降低医院的财务风险。例如,通过对存货和应收账款的严格监控,医院可以及时发现并处理潜在的风险因素,防止坏账和损失的发生。此外,严格的货币资金管理制度也可以防止资金被挪用或滥用。

(4)支持医院决策。通过流动资产管理,医院可以获取实时的财务数据和信息,为医院的经营决策提供有力支持。例如,通过分析存货周转率、应收账款回收率等指标,医院可以了解自身的运营效率和财务状况,从而制定合理的经营策略和发展规划。

医院应高度重视流动资产管理工作,不断完善管理制度和措施,确保医院资产的安全和有效利用。

2. 医院流动资产管理存在的问题

(1)医院在应收账款(应收医保款)管理方面存在的问题

①患者费用支付不及时或逃费现象时常发生

当前医保制度日益完善,投保人群覆盖面越来越广,但患者人数众多群体复杂,很多患者因病致贫家庭困难或者三无人员无人管理,医院本着救死扶伤、生命至上的原则,即便在患者不能支付医疗费用的情况下还得全力救治患者,患者拖欠医疗费用或逃费的情况时常出现,患者欠费清偿难度大,累计的欠费金额越来越高,这给医院带来了资金回笼的困难,增加了经营风险。

②医保支付周期长且常出现拒付情况

医院60%左右的医疗收入来自医保基金,医保基金的结算政策、支付方式及支付周期对医院的影响巨大,医保资金的支付周期长导致医院需要长期垫付资金,增加了资金压力。同时,医保支付的比例和标准也经常发生变化,物价收费的政策复杂且变动大,收费内涵定义模糊或收费标准不合理不明确,导致医院和医保等各方对政策理解的偏差大,最后产生医保拒付或医保飞行检查定性为违规,给医院的经营管理带来一定的困难。

③内部控制制度不完善,缺乏有效的催收机制

医院在应收账款特别是应收医保款的对账和催收方面往往缺乏有效的机制,导致应收医保款回收不及时,坏账率上升。同时,医院对催收工作的重视程度也不够,缺乏专门的催收团队和有效的催收手段。另外,应收账款的内部控制不完善,如:缺乏严格的审批制度、财务核对制度等,这可能会导致账务混乱、信息失真等问题,增加了管理的风险。

(2)医院存货管理存在的问题

①库存管理不规范

医院库存管理往往缺乏规范性,存在存货过剩、积压库存以及偶尔缺货的现象。过剩和积压的存货占用了有限的库存空间,增加了管理的难度,盘点困难,降低了管理效率,偶尔出现的药品耗材供应不及时,可能给医疗安全带来隐患。

②入库制度不健全

医院在采购过程中,存在购进货物直接由科室领用出库,之后再进行发票审核和入库处理的情况。这种货到票未到的现象导致库存物资没有及时入库,造成财务账面数与库存金额不一致,甚至出现账面数为负数的

现象。

③出库管理不规范

医院在领用物品时,缺乏有效的规范和监督机制,没有对各科室的库存量进行管理,导致领用数量领用频次过于随意,容易出现浪费现象。这不仅增加了医院的运营成本,还可能影响医疗服务的质量和效率。

(3)医院流动资产管理的策略

①优化存货管理

医院根据实际需求,合理制订采购计划,避免过多的库存积压,同时确保药品和卫生材料等物资的质量。在流动资产中,卫生材料和药品占有相当大的份额,也是医院在医疗过程中不可缺少的资源。医院需要更有效地利用科学的物流配送方式,在确保满足医疗需要的同时,尽量减少卫生材料和药品的储备,从而减少资金被占用的风险。定期盘点卫生材料和药品,以确保账实相符,加强有效期的管理,优先使用近效期的药品和卫生材料,对已经过期的要及时清理,并按规定要求和流程处理。

②加强应收账款管理

加强患者缴费的过程管理,医院制定预交金管理制度,住院患者首次预交金缴纳标准,患者在办理住院手续时按标准缴纳预交金。已办理住院的患者,预交金不足时,临床医生根据患者治疗需及时通知患者补交,实现从源头上避免患者欠费情况的发生。对于已经出院但欠费不缴的患者应建立信用档案,充分利用信息化手段,将欠费患者名单嵌入到医院HIS 系统,让临床医院和收费人员及时了解欠费人员情况,如欠费患者第二次到医院诊疗时,系统会自动提示该患者的欠费情况。另外要严格管理应收医保款,月末,财务科医保明细账科目余额、医院医保办报表、医保局报表金额三者进行核对,核对是否挂错单位、挂错科目或者挂错年度,保证账账相符。年末,根据各社保局年终清算文件按会计制度要求及时调整账务。

③强化货币资金管理

医院要建立严格的货币资金管理制度,明确货币资金的使用、保管等各个环节的职责和权限,确保资金的安全性。加强货币资金的内部控制,比如实行收支两条线管理,确保资金使用的透明度和规范性。建立严格的审批和报销制度,对每一笔资金的支出进行严格的审核和监督,防止资金被滥用或挪用。加强货币资金的监督和检查,定期不定期地对收费人员、出纳的现金进行抽查,确保账款相符。加大内部审计和外部审计的力度,确保货币资金的管理得到有效的监督和检查。

(五)医院无形资产管理

医院的无形资产是指不具有有形形态,但能赋予医院特定权益的资产。包括但不限于医院购买的专利、著作权、土地使用权、非专利技术、软件系统等。

1.医院加强无形资产管理的意义

(1)增强医院竞争力

无形资产如医院的名誉、品牌、医疗技术、专利等,都是医院独特的资源,能够有效提升医院的竞争力。通过对这些无形资产的有效管理,医院能够在激烈的市场竞争中脱颖而出,吸引更多的患者和合作伙伴。

(2)提升医院价值

无形资产是医院价值的重要组成部分,通过科学的评估、计量和核算,可以准确反映无形资产的价值,为医院的资产管理和决策提供有力支持。同时,无形资产的价值也会随着医院的经营和发展而不断提升,进一步增加医院的整体价值。

(3)促进医院可持续发展

无形资产的管理与医院的长期发展密切相关。通过加强无形资产管理,医院可以形成独特的核心竞争力,实现可持续发展。此外,无形资产的管理还可以促进医院的技术创新和服务创新,为医院的长期发展提供源源不断的动力。

(4)保护医院权益

无形资产如专利权、著作权等是医院的重要权益。通过加强无形资产管理,医院可以确保这些权益不受侵犯,维护自身的合法权益。

总之,医院无形资产管理的意义在于增强医院竞争力、提升医院价值、促进医院可持续发展、保护医院权益等方面。因此,医院应高度重视无形资产管理工作,加强无形资产的评估、计量和核算工作,提高无形资产的价值和竞争力。

2.医院在无形资产管理方面存在的问题

(1)缺乏有效的管理机制

医院在无形资产管理方面缺乏完整、系统的管理制度,管理部门不明确,管理机制不完善,导致在面临各种复杂的风险和挑战时,难以有效地进行应对,不同科室之间在无形资产管理上协同合作困难,形成管理的瓶颈和阻碍。

(2)无形资产评估与计量困难

无形资产的价值往往难以准确评估和计量,因为它们往往与医院的品牌形象、技术实力、知识产权等密切相关,这增加了无形资产管理的难度,需要医院具备更高的专业能力和技术水平。

(3)缺乏有效的信息管理系统

随着医院对无形资产投入的增加,尤其是软件方面的投入,如:电子病历系统、OA办公系统、移动医疗系统等,这些都是医院的无形资产,它广泛分布于各个部门。医院没有建立一个有效完整的信息系统来管理、维护、评估无形资产,管理停留在传统的手工操作或简单的数据记录阶段,导致医院无法系统准确掌握无形资产的状况,影响管理效率和效果。

(4)内控制度执行不力

医院内部控制制度在无形资产方面的执行力度不足,缺乏对无形资产内部控制制度执行情况的监督检查,再加上员工对无形资产的价值认识不足,缺乏全面保护的意识,这可能导致无形资产的流失、损坏或其他形式的损失。

3.加强医院无形资产管理的对策建议

(1)增强无形资产管理的意识

从中高层管理人员到普通职工,都需要形成加强无形资产管理的共识,增强开发、利用和保护无形资产的意识。医院内部应普及无形资产的理论知识和相关法律知识,使广大医务工作者充分认识到知识产权的重要性和对无形资产进行管理的必要性,提高医院无形资产管理的整体水平。

(2)建立并完善医院无形资产管理制度

医院根据自身无形资产建设管理需要,制定并不断完善无形资产申报管理、建设管理、投资合作管理、档案管理、审计管理、交接管理等多项制度,确保无形资产管理有明确的法律依据和明确的操作规范。医院设立专门的无形资产管理机构,对无形资产进行全面、综合、系统的管理,明确管理人员的工作权利和职责,并接受医院内部财务部门和审计部门的监督。

(3)加强对无形资产建设的管理

第一,加大无形资产预算管理力度。由于无形资产建设周期较长,医院应根据实际需要精心规划建设周期,合理配置资金,实现医院无形资产建设项目的均衡发展。

第二,加大无形资产项目建设的管理力度。在制定规划的原则上,既要与时俱进,又要实事求是,不盲目追求宏伟、全面,以保证建设规划的实用性。在项目执行过程中,严格监督项目建设的具体内容是否符合预定的建设计划,并及时发现和纠正施工过程中出现的任何偏差,确保无形资产项目建设的准确性得到保障。在项目后期,我们对建设项目进行了无形资产效益评估。由于医院从无形资产中获得的经济效益存在很大的不确定性,无形资产管理人员和财务人员需要善于识别和利用一些直接或间接的客观经济指标来分析建设项目的投资回报率,最大限度地避免投资风险。

第三,医院财务部门有责任确保无形资产的总账、明细账、分类账处理得当,并定期进行清查,了解无形资产的使用情况。对已经过期或无法再利用的无形资产,进行及时的处置和清算,确保医院资产的合规性和有效性。

第七章　信息化背景下财务管理的发展规划

第一节　新信息技术与财务管理

一、区块链技术与财务管理

(一)区块链的定义

区块链是一种特殊的分布式的数据库技术,它的最大特点是去中心化、透明性强、数据不能篡改、安全性强,它起源于比特币,现在已经作为一项信息技术广泛应用于金融、供应链、医疗等领域。

首先,区块链作为数据库,它的主要作用是储存信息,任何信息都可以写入区块链进行保存、读取;其次,任何人只要购买服务器,选择合适的区块链,经过安装配置后都可以加入区块链网络,成为庞大网络的一个节点;最后,区块链网络里没有中心节点,每个节点都保存着整个数据库,用户可以向任何一个节点写入读取数据,所有节点的数据都会同步,保证区块链数据的一致性、安全性、可靠性。

(二)区块链技术对财务管理信息化的影响

1. 区块链是实现财务数据共享的有力工具

区块链上的数据是公开透明的,除了被加密的交易双方私有信息外,任何人都可以通过开放的接口查询了解区块链的所有数据,区块链上的数据可以被自动记录和验证,减少了人工错误和欺诈行为。此外,区块链还支持智能合约,这些合约可以自动执行并验证合同条款,从而提高了合同的执行效率和可审计性。

2.影响会计数据的存放和获取

随着大数据、云计算、人工智能等在会计中的应用,让会计数据的获取更加方便快捷。区块链技术影响会计数据的记录、人员的身份识别,以及会计原始凭证的来源。传统的会计数据都是存储在数据中心,区块链去中心化,运用分布式数据库系统,采用分布式记账,财务管理人员要适应这种变化。

3.区块链技术提高会计数据安全性

区块链天生就具有防篡改的特点,应用于财务管理信息系统,可以确保会计数据产生后其他方不能修改,保证了信息的安全,在防控财务风险方面发挥了很大的作用。采用这项技术,即使没有第三方机构的鉴证参与,任何互不信任的双方也能实现合作。

4.加速跨境支付和结算

传统的跨境支付和结算需要通过多个中间机构和银行进行,流程烦琐且耗时。而区块链技术可以实现点对点的支付和结算,无须中间机构的介入,从而大大缩短了支付和结算的时间。此外,区块链还支持跨境转账和货币兑换,使得跨境支付更加便捷和高效。

5.优化供应链管理

区块链技术可以实现对供应链的实时跟踪和监控,确保供应链的透明度和可追溯性。这有助于企业更好地管理库存、降低成本、提高效率,并减少欺诈和腐败的可能性。同时,区块链还可以支持智能合约在供应链中的应用,实现自动化采购、付款和交货等流程。

总的来说,区块链技术在实现财务信息共享、提高数据的安全性和准确性、加速跨境支付和结算、优化供应链管理等方面对财务管理产生了积极的影响。然而,区块链技术也面临着一些挑战和限制,如性能瓶颈、隐私保护等问题,需要进一步研究和解决。

(三)基于区块链技术提升企业财务管理价值体现

1.为财务管理提供精确数据

与传统的基于单一中心对财务数据进行确认和计量的集中式会计管理方式不同,企业可以利用区块链技术在全网中推广分布式会计财本。在财务数据的整合和区块链技术的支持下,形成了共享账本,改变了传统的复式记账方式,有效解决了基于"人机协同"的财务数据破坏、资金不足、交易效率低下等问题。同时,分布式账本可以让企业内部共同分担财务管理责任,避免财务数据失真,保证企业原始财务数据的准确性,为财务管理提供坚实的基础。

2.保证财务数据的高效真实安全

区块链技术为企业使用哈希算法提供了便利条件,区块链上的信息能做到全网一致并且真实,加上哈希算法加密的不可逆性,时间戳不可修改,这样既保证了财务数据的高效,又避免了财务数据被伪造、删除或篡改的风险,从而解决了企业中各部门为追求私利而隐瞒财务数据的问题,这就是区块链在财务管理领域的价值体现。

3.降低企业财务管理的成本

企业采用区块链技术后,不需要单独的交易中心进行交易,而是利用全网的所有节点,可以在没有信托中介机构参与的情况下完成"点对点"的交易,从而降低了财务管理成本。在基于区块链技术的财务管理领域,智能合约被广泛应用,这种合同可以依靠计算机程序自动执行,无须人工干预。

(四)基于区块链技术的企业财务管理价值提升措施

1.创设以区块链为载体的财务管理架构

在企业的经营决策过程中,精准高效的财务分析是必不可少的。区块链技术可以做到几乎实时提供财务数据,增强财务分析报告的实时性,为企业提供最新信息资源。分布式账本中每个节点的数据将同步更新,不同管理者利用共享账本同时得到实时的报表,企业的资源情况公开透明清晰明了,为企业的财务管理提供有力的支持。因此,企业需要构建基于区块链技术的财务管理架构,为数据分析、处理和高效应用奠定坚实的基础,架构具体分为数据层、网络层、共识层、合约层四个层次。

2.丰富基于区块链的财务管理类型

第一,公有链。公有链的开放程度最高,企业可以在公有链网络中自由访问,获取相关数据,及时调整自身的定位参与管理。第二,联盟链。在产业园区建设的背景下,区块链向外延展的可能性高,由此建立联盟链,企业可以在联盟链网络中设置规则,明确记账及读写权限。联盟链特别适用于企业清算、交易等财务经济活动的场景。第三,私有链。通常企业选择私有链进行财务管理,这种链是企业内部的私有链,企业根据管理的需要在私有链网络中设置规则,企业内部用户对私有链有记账和读写权限。这种私有链通常用于内部审计和数据库管理。私有链能为企业防范风险,机密数据不向公众开放,只有获得授权的人才能访问这些数据。

3.培养区块链财务管理人才

第一,组织财务管理人员学习区块链的基础知识,了解其类型、基本结构、发展历史和独特优势,为利用区块链解决财务问题打下基础。第二,丰富专业人才发展战略,可考虑与专业院校合作,培养具有技术知识、管理能力和创新精神的人才,组建一支技术含量高的专业财务管理团队,提高区块链技术的应用效果。第三,加强对企业区块链财务管理的专项研究,让财务管理者根据企业的规模、技术条件、综合实力等因素寻求发展,确保区块链技术能够促进财务管理的进步。第四,加强财务人才管理,充分利用绩效考核机制。在区块链技术的应用过程中,可以定量和定性地获得评估结果,将绩效考核结论作为推动区块链在财务管理中应用的重要动力。

二、人工智能技术与财务管理

(一)人工智能的定义

人工智能(简称 AI)是一个非常广泛的概念,它涉及多个学科,包括计算机科学、心理学、哲学、生物学等。人工智能通过研究人类大脑的思考、学习和工作方式,然后将研究结果作为开发智能软件和系统的基础,模仿人类的思考方式使计算机能智能地思考问题的新兴技术科学。随着人工智能技术的发展,它已深度进入财务会计领域,对提高业务效率、减少工作失误、提升人力资源效能等方面影响深远。

根据智能程度的不同,人工智能可以分为弱人工智能、强人工智能和超强人工智能。弱人工智能也称为应用人工智能,指那些不能真正进行推理和解决问题的机器,这些机器看起来很智能,但实际上不具备自主意识,弱人工智能的应用领域有语音识别、自然语言处理等,目前主流人工智能的研究主要集中在弱人工智能方面。强人工智能作为一种具备高度智能和自主意识的机器,其应用领域广泛且潜力巨大,如医疗领域的影像分析、AI诊断。超强人工智能在每一个方面都比最强人类大脑聪明。

(二)人工智能时代的特征

近年来,各个行业的智能化技术发展迅速,利用这些智能技术,企业的管理效率得到了显著提高。人工智能时代的几个显著特征如下:

第一,万物互联,人机融合。人工智能技术实现了业务、场景、信息、数据和人的全面融合。人工智能技术具有随时产生大量信息的能力,并且这些信息将以几何级数不断增加和叠加。人工智能依靠先进的智能技术,以人类思维为基础,实现各种信息的互联。通过深入的分析和挖掘,产生新的信息数据,并将这些数据与各种业务任务紧密结合,推动社会的不断进步和发展。

第二,模拟现实。随着互联网技术的不断进步,人工智能突破时间和空间限制,成功构建了虚拟现实。这项技术将各种事物和人紧密地联系在一起,促进各种信息的融合和互动,并产生新的信息,从而帮助人们更全面地认识世界,有效地解决各种问题。在过去,远程沟通和了解世界的成本相对较高,但人工智能技术为人们提供了一个突破时间和空间限制的"窗口",让人们更容易以更低的成本获取世界信息。

第三,自主控制导向。在智能化时代的大背景下,人工智能技术的出现彻底重构了原有的人工操作设备体系。该技术赋予了设备系统更广泛的自主意识,通过对大数据信息的深入分析和学习,进一步促进了程序指令的设计和编写。设备系统可以根据不同的应用场景独立选择动作策略并执行自控方向。智能操作系统已经超越了简单的"输入-输出"模式。它可以处理大量数据,智能识别和感知反馈,具有自主行动能力,并可以根据各种场景调整其行动策略。

人工智能技术的飞速发展,使得各种智能设备和机器能够自动化地完成大量重复性的任务。这种智能化和自动化不仅提高了生产效率,也降低了人工成本,改变了传统的生产方式和劳动力结构。

(三)人工智能对会计行业发展的影响

在传统会计工作方式中,会计人员每天花大量时间精力去做整理数据、录入并审核凭证、记账对账等技术性含量不高但重复性强的基础账务处理工作,由于工作量大的原因还经常出现当天的业务即便加班加点当天仍然处理不完的情况,虽然目前有的会计信息系统已经能够实现了会计凭证和财务报表的自动生成等,但还是不能把财务人员解放出来。当将人工智能运用到财务领域后,类似重复简单的工作完全可以交给人工智能系统进行迅速处理,不仅提高了会计工作的效率,还可以避免人工处理可能产生的错误,提高数据处理的准确性。例如,自动化记账功能利用光学字符识别技术将票据和凭证转为电子数据,账务处理软件可以实现快速准确地记账、对账和结账,生成财务报表等。另外,通过学习数据挖掘技术,人工智能能够自动提取并分析各种财务数据,帮助管理者预测未来的市场走势,为管理者及时快速地提供更多全面的信息,有助于其做出科学合理的决策。同时,人工智能还可以进行风险评估和预测,帮助企业及时发现和应对潜在的风险。

人工智能技术在财务管理领域的应用是一把"双刃剑",应该一分为二地看待。一方面,人工智能可以实现对大量低端且重复性的财务处理工作进行自动化处理,大大缩短了处理时间,减少了人力成本,也提高了会计工作的效率;另一方面,人工智能对中低端水平的财务人员的就业带来一定的冲击,现阶段部分技术含量低并且重复性强的基础工作逐渐被人工智能取代,随着人工智能技术向会计领域的深入渗透,未来技术含量相对较高的财务决策也会被财务决策支持系统(DSS)取代,这也是人工智能发展的必然趋势。

第二节 财务与科技信息化的结合

财务会计信息化的基本架构在信息化背景下改变很大,在数据层面,从结构化数据到非结构化数据;在技术层面,大数据技术、人工智能、区块链等新技术将被广泛地应用到财务信息化中。

在应用场景中,一方面,传统的财务信息化应用场景已经落后,必定会被优化;另一方面,基于新技术的新应用场景也将大量涌现。在这样的背景下,财务部门内部、科技部门内部、财务部门和科技部门之间的协同变得更加复杂,但又不可避免。可是,在信息化时代来临之际,很多企业的财务部门和科技部门都没有做好各项准备,面对快速来临的技术革新,往往不知所措。因此,有必要研究信息化时代可能给传统的财务、科技协同关系带来怎样的挑战以及采取怎样的措施来应对这种挑战。

一、财务与科技协同问题

(一)来自协同问题的挑战

1. 财务部门内部信息化协同面临的挑战

(1)财务信息化建设分散在财务管理部门之间

很多企业的财务信息化建设是由职能部门根据各自的业务需求进行的。例如,会计核算系统由负责财务会计报告的部门建设,预算系统由预算编制的牵头部门建设等,系统建设后的维护和优化工作也由原建设部门负责。从需求与系统建设关联度的角度来看,这种方式没有什么问题,但是当各个部门建设的财务系统需要整合、集成甚至平台化的时候,问题就出来了,系统的各自为政成为系统有效集成的主要障碍,信息系统不能集成就会影响数据的整合以及流程的优化。

（2）财务管理部门内部对信息化的认知程度存在差异

信息技术在财务领域的广泛应用和快速发展,需要财务各领域人员在信息技术方面达成共识,并在此共识的基础上,共同推进信息技术的应用场景。如果财务部门内部之间没有达成共识,对技术路径的选择和资源的配置就会有不同的看法,会影响信息化建设的进程,极端的情况下,可能会因为分歧太大让建设回到原点。

2.科技部门内部信息化协同面临的挑战

科技部门内部同样存在信息化协同的问题,如果说财务部门的问题在于需求不同和认知差异,那么科技部门所面临的是另一种协同问题。科技部门在建设系统的过程中,通常会根据财务部门的要求,建立一个个独立的信息系统,并且科技部门内部往往为不同的系统配备不同的实施团队独立承担建设任务,财务部门本身缺乏整体规划,科技部门也容易按财务的要求各自为政去建设,最终可能导致系统之间的割裂。由于每个系统都是各自打地基,地基之间无法打通,不同的系统有自己独特的设计风格和管理模式,不仅影响了用户体验,也增加了系统维护的复杂性。更严重的是科技部门内部各项目组之间不进行技术沟通,一项新技术上线,其他团队根本不知情,更不用说共享技术了,这种情况严重影响信息技术的发展。

3.财务部门与科技部门之间信息化协同面临的挑战

第三个协同挑战是来自财务和技术部门之间的,财务和技术两个部门之间存在不同体系层面的协同问题,两者构成了需求和现实的联系,在这个过程中协同的挑战是不可避免的。

（1）需求场景和技术对接出现偏差

在财务部门与技术部门之间的沟通中,核心问题是如何将业务需求翻译成技术所需要的语言,这一直是一个比较头疼的问题。许多企业的财务部门对技术部门的思维模式缺乏了解,技术部门对财务会计的术语也难以理解,这往往导致财务的需求转换为现实时出现偏差。许多企业已经认识到这个问题,通常采取的解决办法是在财务和科技之间设置一个衔接团队,衔接团队来实现业务需求的有效转化。

但衔接团队也面临着挑战,一方面,财务的衔接人员发现挖掘基于信息技术的需求场景更加困难,财务人员对信息技术不理解,不知道这些信息技术能做什么,能解决什么样的业务问题。另一方面,技术部门也更容易沉迷于技术本身的研发,变得"被技术控制",而忽略了对财务应用场景的支持,当从技术的角度看待技术时,很难将技术与现实结合起来,由于这两个问题的存在,需求场景与技术之间的对接变得困难。

(2)条状对接和技术平台发生冲突

当技术部门的组织结构与分散的财务模块之间保持一致时,两个部门就会实现很好的协同合作,如果技术部门单方面地努力打通其内部的团队,建立一个技术平台,但不能从根本上解决问题,反而会带来财务部门的条状需求和科技部门平台建设之间的矛盾。

在技术平台化、财务需求分散化的情况下,财务管理信息化建设仍然分散在许多不同的财务部门之间,相关的业务需求通过各个财务部门直接传达给技术部门。已经实现平台化的技术部门,面对时间、规划、深度不一致的需求,必然会遇到各种问题和挑战。技术平台化模式接收到的所有需求都要进行全面的内部评估,需要将平台统一的规则反馈给需求方,同时引导需求方接受平台的限制,这个过程往往会产生矛盾冲突,需要深入沟通。

4.集团与业务单元之间信息化协同面临的挑战

集团和业务单元之间的信息化协同问题体现的层面比较高。

(1)标准化和个性化的冲突

对于集团企业而言,最理想的做法是能够在相对规范的框架内构建财务信息化。在实际工作中,很多集团企业一直追求采用大集中式架构,但实际上要实现这一目标是非常困难的。

在集团内部,每个业务单元都有自己特定的业务发展需求,特别是多元化集团对个性化的需求尤为突出。如果在集团层面搭建标准化平台满足各种业务的需求,可能会导致集团的标准化需求与业务单元的个性化需求发生冲突,如果只满足集团标准化需求,业务单位的发展将受到限制;反之,如果仅仅满足各业务单元的个性化需求,会对集团的管控产生重大的不利影响。如何在标准化和个性化需求之间找到一个平衡点,构建一个能够同时满足这两种需求的平台,成为平台化建设中的一个核心问题。

（2）计划和突发的冲突

对于集团而言,在财务信息化建设的过程中,希望严格按照既定的建设计划进行,以保证信息化建设的有序进行。对于每一个业务单元来说,信息系统建设的需求来自业务,有些需求往往是突如其来的。为了解决这些业务痛点,需要紧急进行系统建设或者改造,在这种情况下,集团信息化的建设节奏可能会受到突发情况的影响。如果不能对业务单元的需求做出响应,两者之间就会产生矛盾,如果业务单元一味强调其突发性,不考虑整个集团信息化建设的节奏,也会带来问题。计划和突发的冲突是集团企业信息化建设过程中不可避免的挑战。

（3）信息透明和信息保密的冲突

在集团和业务单元之间,信息透明和信息保密的需求方面也存在冲突。对于集团管理和控制来说,实现业务单元的信息透明是信息系统建设的目标,实现这一目标就要建设高度集中的财务信息化系统。对于业务单元来说,实现信息的独立性或私密性通常是他们追求的目标。集团和业务单元之间对于信息透明和信息保密的冲突在所难免,最后取决于集团管控的模式,当然也受监管要求的影响,比如上市公司,信息的保密性就存在监管的要求。当监管因素消除后,企业集团在管理模式上对业务单元的控制能力将在更大程度上影响信息的透明,也就是在信息化建设过程中更多地采取高度集中的模式,实现信息的透明。

(二)信息化时代财务信息化协同体系

1.财务部门构建财务信息团队

对于财务内部来说,要打破信息化的建设边界,可以考虑建设财务信息团队,这个团队可以是实体组织,也可以是虚拟组织。实体组织可以是以中心或者部门的形式存在,如:某互联网公司设有财务 IT 部门,某国有商业银行设有会计信息部,这些实体组织可以在财务体系内部发挥协调作用。对于无法建立实体组织的企业,可以考虑创建虚拟组织,如:财务信息管理委员会,虽然虚拟组织的执行力不如实体组织强大,但仍然可以发挥一定的规划和协调作用,在构建财务信息框架和推动大型项目方面发挥着不可或缺的作用。

2. 科技部门构建向财务提供服务的专属团队

对于科技部门来说,要实现与财务部门的紧密协同,应当考虑构建面向财务提供服务的专属团队。在这种专属的团队中,应该摒弃传统的按业务模块组建独立团队的方式,应该构建符合未来需求的平台化团队,包括专门的需求分析团队、架构设计师团队、公共平台研发团队和场景实施团队。需求分析团队承担科技部门与财务部门的需求对接工作;架构师团队具备从产品化、平台化的角度科学构建财务信息化框架的能力;公共平台研发团队应具备打通各类财务业务模块底层的能力,对公用的技术功能进行模块化研发,并实现在各种业务场景下的应用;场景实现团队基于公共平台,基于各种业务场景的具体需求进行技术的具体实施。利用这种平台化与定制化相结合的技术团队结构,为财务信息化提供了强有力的支撑。

3. 集团自身推行产品平台化建设

对于集团企业来说,为了在标准化和个性化之间找到平衡,可以考虑将集团自身定位为财务信息产品的供应商,构建以产品化为核心理念的集团层面的信息化平台。在信息化平台设计阶段,集团充分调研各业务单元的需求,对产品进行论证和设计,根据调研形成的需求设计平台。在信息化平台建设阶段,每一个业务单元都被集团视为其产品的潜在客户,在产品平台化的基础上实施可控的个性化开发以满足各业务单元的需要。通过这种建设方式,集团财务能构建一个开放的财务信息产品平台,并通过该平台实现管理流程的标准化。

在财务信息化的建设过程中,财务部门与科技部门的协同是技术与艺术并存的话题,找到合适的平衡点,实现双方共赢是财务信息化成功的关键。

二、财务共享视域下企业管理会计信息化

(一)财务共享与管理会计信息化

1.财务共享与管理会计信息化的概念

财务共享是将企业的财务业务、数据和管理流程集中到一个专门的共享中心进行整合和管理的一种财务管理方式。财务共享中心一般由一个或几个财务部门组成,主要负责处理企业财务业务处理、财务报表编制、预算监控、成本管理等任务。通过建立财务共享中心,不仅可以提高财务工作的效率,还可以增强企业的财务控制能力和市场竞争能力。

管理会计信息化是指通过构建管理会计信息系统,利用信息技术对企业的财务、成本、预算、绩效等多个领域进行综合管理,完成数据的收集、处理、分析和应用。通过实施管理会计信息化,不仅可以提高管理会计任务的效率和准确性,还可以为企业在投资决策、成本管理、绩效评价等方面提供参考。管理会计信息化的推进离不开财务共享中心的建立。财务共享中心可以为管理会计信息化提供一致的数据和流程支持,从而提高管理会计信息化的效率和可靠性。

2.财务共享与管理会计信息化的相互作用

首先,通过建立财务共享中心,企业可以将财务管理的所有业务流程集中到一个统一的共享中心进行处理,从而提高财务管理的效率和质量,这为会计管理信息化创造了更加优越的条件和基础。其次,管理会计的信息化有助于建立财务共享中心。管理会计信息化通过信息化手段实时监控和管理财务管理流程,及时发现和纠正财务管理中的问题,从而提高企业财务管理的准确性。同时,通过数据分析、模型构建等多种手段,可以更加准确地进行财务预测、财务分析和经营决策。财务共享与管理会计信息化是一种相互促进的关系,财务共享可以提高管理会计信息化的效率和质量,管理会计信息化可以促进财务共享中心的建立。

(二)财务共享视域下企业管理会计信息化的优化措施

1.强化财务共享意识

在财务共享的背景下,强化财务共享意识是企业管理会计信息化的

要求。财务共享意识是指企业在提供财务共享服务方面所持有的价值观、观念和思维方式。这包括财务共享服务的目标、宗旨、基本原则、操作程序、实施方法和所需技能,是财务共享服务的前提。首先,企业要对财务共享工作高度重视,加强财务共享服务的建设,增强财务共享意识。其次,企业需要建立财务共享服务的流程和标准,确保财务服务的高效性、规范性、准确性和可靠性。最后,企业还需要努力提升财务共享服务人员的技术能力和专业素养,加强财务人员的专业技能和综合能力的培训。

2.构建管理会计信息化制度

在财务共享的背景下,企业管理会计信息化的需要是建立管理会计信息化制度,通过对财务数据的集中管理,实现财务信息的规范化和共享化,从而提高企业财务管理的效率和水平。一是要对企业各分支机构的财务数据进行集中管理,实现财务数据的标准化、规范化和共享化,可以降低财务管理的成本和时间消耗。其次,企业可以建立财务信息共享平台,实现内部和外部财务信息的有效共享和交换,为企业进行数据分析和决策提供便利。最后,通过制定管理会计信息化的相关制度,明确制度的实施原则、流程、方法和标准,确保管理会计信息化制度的规范性和实用性。

3.应用管理会计信息化手段

在当前的财务共享环境下,企业财务管理越来越多地采用财务共享服务。由财务会计向管理会计过渡已成为必然的发展方向。企业应采取管理会计信息战略,提高财务管理质量,优化资金流动,提高资金使用效率。例如,通过构建管理会计信息系统,创建财务报表管理平台,完善会计服务功能,加强会计信息保密措施,实现会计信息精细化核算。此外,企业还应注意使用财务分析和决策支持功能,以便更有效地应对各种不确定挑战,提高管理效率,为企业探索数字化、信息化的财务管理模式提供新的机遇。

4.加强财务人员培训

随着财务共享服务中心的逐步建立和实施,企业对财务人员的要求也在不断增加,以更好地支持企业的财务运营。因此,加大对财务人员的培训,使其能够更好地适应新的财务环境,有效地推进企业管理会计的信息化进程就显得尤为关键。首先,每个公司必须保证其培训课程能够满足财务人员的实际需求和工作条件,确保培训内容既有效又实用。此外,为了满足不同财务人员的具体需求和工作环境,培训方法应涵盖多种形式。同时,要注意培训的连续性和系统性,确保财务团队能够不断学习和提高专业技能。此外,为了保证培训的有效性,关键在于培训教师的质量,企业可以聘请具有丰富实践和教学背景的专家。最终,通过培训后的评估和反馈,企业可以更深入地了解财务人员培训的有效性,并相应地对培训内容和方法进行适当的调整和优化。

5.全面加强管理会计信息安全

在财务共享的背景下,企业管理会计信息化需要全面加强管理会计信息的安全性,确保财务数据的安全性、准确性和完整性。第一,为了确保数据的机密性、完整性和可用性,企业必须实施严格的数据保护措施,包括但不限于加密、认证、访问控制、审计、备份和数据恢复等。第二,为加强数据安全保护,企业应采用防火墙、态势感知、安全审计等前沿信息安全技术。第三,企业有必要建立专门的信息安全管理团队,负责确保数据的安全性和完整性,防止数据被恶意攻击、窃取或泄露。第四,为了确保敏感数据可以被访问,公司必须在必要的人员参与的情况下实施严格的数据访问管理制度。同时,企业有责任严格监控和审查数据访问行为,避免未经授权的数据访问。第五,为了确保数据的保密性和完整性不受损害,企业必须加大对数据保密性和完整性的维护力度,防止数据泄露和完整性被篡改或破坏。

第三节　加强信息化时代的财务管理人才培养

一、信息化背景下财务管理人才培养的建议

(一)加强企业对复合型财务管理人员培养的重视

企业为了适应剧烈的市场竞争,不断地加强管理,提升创新能力,进

行全方位的转型升级,以提高自身的核心竞争力,因此对财务人员的要求也就越来越高。同时,随着信息技术的快速发展,财务管理的信息化水平也在不断提升,这对财务管理人员的专业知识、专业技能和综合素质都提出了新的要求。只有加强财务人员的财务专业能力素养、信息化专业能力素养的培养,才能适应现代企业管理发展的需要,企业必须高度重视高素质复合型财务管理人才的引进和培养,财务人员自身也要转变观念,主动求变,积极学习适应时代发展。

(二)增加复合型财务人员的培养供给

在信息化环境下,财务人员不仅需要具备扎实的财务专业知识,还需要掌握一定的信息技术知识。具体地说,财务人员不仅要会报账、记账、算账,还要会分析、规划、决策、风险防范。在培养财务管理专业人才的过程中,要与信息技术教育相结合,通过与高校、培训机构等合作,培养出的财务人员具备综合能力,才能成为企业所需的人才。

(三)改革财务人才培养模式

在信息化环境下,应注重提高财务人员的信息技术应用能力。高等院校和企业在人才培养方面必须与时俱进,优化理论知识与实际操作相结合的人才培养策略,保证理论与实践的结合,加强与信息技术方法相结合的教学,优化和完善现有的课程结构,除了考虑传统的财务专业课,需要增加大数据、物联网、云技术等相关技术的系统课程。

二、数智时代财务管理人才培养的思考

(一)数智财务内涵

数智化的本质是以数字技术驱动的经济社会变革,它不仅拓宽了产业边界,而且重新定义了商业竞争的基本逻辑,数智化转型是对传统商业模式的重塑。随着数字化在各行各业的应用,对财务能力的要求也越来越高,财务数智化概念应运而生。从狭义上讲,数智财务是指将数字技术和人工智能技术融入财务管理中,利用数字技术使财务操作更加自动化和智能化,在一定程度上可以取代低效率的人工操作;从广义上来讲,数智财务是指利用移动互联网、大数据、人工智能、云计算、物联网、区块链、

5G 等先进技术,提升财务管理的能力,从而构建价值型财务,推动甚至引领企业的价值创新。

(二)数智时代财务管理专业人才培养模式构建

1.数智时代财务管理专业人才培养目标重塑

数智时代财务管理人才的培养目标需要进行重新定位,旨在培养在财务管理数据分析和决策方面能够满足现代企业需求的应用型管理人才。这些人才不仅需要掌握财务、税务、金融、经济管理等基础专业知识,还需要熟练运用信息采集、大数据分析等先进技术工具。具备运用跨学科知识分析和解决实际财务问题的能力,具备财务实践技能、信息化思维和创新精神,能够适应互联网、人工智能、大数据、云计算、区块链等数字化时代的需要。数智化财务管理人才培养的方向有两个,即智能财务分析师和智能财务架构师。智能财务分析师主要培养财务人员基于财务数据进行决策的能力。智能财务架构师侧重于培养财务人员从技术角度协助企业完成财务信息系统升级和数字化转型的能力。

2.数智时代财务管理专业教学课程体系建设

在数字智能背景下,我们将财务管理课程体系从下到上分为通识教育、专业教育和实践项目课程模块。

(1)通识教育平台

通识教育平台主要是扩展财务管理人员知识的广度,重点要培养财务管理人才所需的大数据和人工智能基础知识,具体可分为基础技术模块、大数据模块和人工智能模块。基础技术模块由编程课程组成,大数据模块由"大数据技术原理与应用"课程组成,人工智能模块由《人工智能概论》《机器学习理论与方法》等课程组成。

通识教育平台的教学内容设计旨在扩大财务管理专业人员在大数据和人工智能技术方面的知识储备,同时也解决了通识教育平台与专业教育平台之间课程相对分散、独立的问题。引导学生将数智技术和财务管理专业知识串起来,在技术学习过程中明确财务管理专业知识的学习目标,可以根据财务管理专业的学习方向,加强大数据和人工智能技术与专业的联系,明确财务管理专业学生应该追求的学习目标。例如,在编程课程的实际教学部分,提供与财务管理实践密切相关的真实数据集;在"大数据技术原理与应用"课程的应用部分,结合财务管理的实际案例,深入探讨了大数据原理在该领域的实际应用价值。

（2）专业教育平台

专业教育平台侧重数字智能技术与财务管理知识的融合,在覆盖财务管理专业知识的基础上,特别注重培养学生运用数字智能技术解决财务管理问题的结构性知识,实现财务管理专业与数字智能技术的高效融合与互补。选择财务管理专业课程体系中与大数据和人工智能密切相关的课程并将其纳入专业培训计划,例如,《数字经济》《大数据与智能会计》《财务大数据分析》等课程,详细讲解了如何利用大数据和人工智能技术分析财务数据。随着数字智能技术在各个领域的广泛应用,对具有多种技能的财务人员的需求急剧上升,专业教育平台的课程要与时俱进不断完善。

专业教育平台在设计课程内容时,在讲解概念性的财务管理基础知识时,要讲解利用数字智能技术解决财务实际问题的结构性或程序性知识体系,实现数字智能技术与财务管理的高效融合。在此基础上,根据财务管理专业的人才培养目标和需求,以财务管理实际问题为导向,以数字智能技术为支撑,构建财务实际问题的解决流程。例如,在《大数据财务分析》课程中,以上市公司实际运营中的真实情况为背景,详细讲解了企业如何利用智能大数据分析工具对财务数据进行全面清洗、整理,以及如何进行交互式可视化展示、多维度对比分析,为企业管理和决策提供有力支持。对于每门课程,应该明确核心知识点,减少非核心知识点的教学时间,增加课堂实践时数,提高学生综合运用数字和人工智能技术解决财务问题的能力。

（3）实践教育平台

实践教育平台最重要的是要侧重知识转化为实践操作的能力,由跨专业教师和行业专家共同参与项目模块设计,注重培养学生使用大数据以及人工智能技术解决财务管理问题。利用"大智移云物"技术在财务领域的应用,每个项目都以特定领域或行业的实践经验为基础,构建一套实用、真实、创新的实践培训课程。

实践教育平台的课程内容设计,关键是要紧密结合数字智能时代的企业需求,打通数字智能技术与专业知识之间的障碍,促进知识转化为实践能力。为了有效解决这个问题,可以采用案例教学、项目驱动教学法、充分模拟企业工作实践等多种形式,培养具有智能财务会计、大数据财务分析和信息处理能力的财务人员。

3.数智时代财务管理专业教学资源配置协同

（1）引进和培养相结合,打造数智化师资队伍

高素质的教学团队是数字化变革时代培养人才的基础。通过灵活引进和本土化培训相结合的方式,逐步建立了一支拥有数字化视角和思维、掌握前沿理论和方法的数字化教师队伍,推动数字化转型时代的教学改革。

目前师资队伍中财务专业的教师团队在数字化和智能化技术方面的知识还不够。因此,在数字化智能化教学改革之初,可以充分利用学校内部各学科之间的相互支持,利用计算机学院、信息技术学院、统计学院等院系的信息技术教师,培养学生对算法、建模、编程等跨学科的思维能力,以及对数字智能软件的应用能力。随着数字化智能化教学改革的不断深入,要培养能够运用数字智能技术解决财务管理问题的应用型人才,最重要的是要有一支既精通数字智能技术,又要有会计专业背景的综合教学团队。因此,要对现有的师资队伍和新入职的师资队伍进行整体布局和详细规划。对于计划新招聘的教师,要求要有大数据、人工智能等跨学科知识背景。对于现有的专业教师也要通过各种渠道实现转型。

（2）融合创新,建设数智化教学平台

在数字经济背景下,传统的财务实验教学平台已经不能满足数字化智能化财务人才的培养需求,应该创建“大智移云物”的综合实验室,可以模拟和记录学生在数字智能技术应用和决策过程中的真实情况。实验室需要引进数字化智能实践教学平台、智能财务共享跨专业综合实训平台、大数据财务分析平台、区块链综合实践教学平台等,用于全面提高财务会计领域数字化、智能化人才培养质量。此外,还要与各大企业紧密合作,

进一步完善可视化技术的应用环境,构建创新的数字化、智能化实验教学模式,激发学生的学习兴趣和热情,推进数字化智能化教学方法的改革。

（3）校企合作,拓展数智化财务实践场景

校企合作已成为培养数智化财务人员的重要途径,目前财务管理人员的培养主要依靠课堂教学,很少有机会参与到企业的实际实践中。随着企业对财务人员的要求越来越高,单一的课堂教学方法很难适应市场的需要,因此需要与企业的合作,通过共建实习基地让学生亲自到企业进行实地考察和实习体验;通过组织各种竞赛和活动,为学生创造多元化的商业实践环境,增强学生的团队合作能力、信息收集能力,解决数字化、智能化环境下的财务管理问题;通过举办数字财务专题讲座,聘请不同行业的财务精英担任学生的职业导师,为学生提供了一个与行业引领者近距离交流的平台,用真实经典的案例帮助学生树立数智财务的思维。

参考文献

[1]王力东,李晓敏.财务管理[M].北京:北京理工大学出版社,2019.

[2]张蕾,马鑫,陈慧.财务管理[M].成都:电子科技大学出版社,2019.

[3]高山,高凯丽,周莎.财务管理[M].北京:北京理工大学出版社,2019.

[4]陈宣君.财务管理[M].成都:西南交通大学出版社,2019.

[5]杨忠智.财务管理 第 3 版[M].厦门:厦门大学出版社,2019.

[6]赵文妍,曹丽.财务管理与理论研究[M].哈尔滨:黑龙江科学技术出版社,2019.

[7]林自军,刘辉,马晶宏.财务管理实践[M].长春:吉林人民出版社,2019.

[8]郭赞伟,丁祎.企业财务管理的信息化建设研究[M].北京:北京工业大学出版社,2019.

[9]朱竞.会计信息化环境下的企业财务管理转型与对策[M].北京:经济日报出版社,2019.

[10]叶霞,张冬梅.财务信息处理与分析[M].北京:航空工业出版社,2019.

[11]韩吉茂,王琦,渠万焱.现代财务分析与会计信息化研究[M].长春:吉林人民出版社,2019.

[12]王盛.财务管理信息化研究[M].长春:吉林大学出版社,2020.

[13]董煜,吴红霞.会计信息化[M].天津:天津科学技术出版社,2020.

[14]王海燕,王亚楠.会计信息化教学研究[M].长春:吉林大学出版社,2020.

[15]张一兰.智能财务时代[M].长春:吉林大学出版社,2020.

[16]张书玲,肖顺松,冯燕梁.现代财务管理与审计[M].天津:天津科学技术出版社,2020.

[17]郭艳蕊,李果.现代财务会计与企业管理[M].天津:天津科学技术出版社,2020.

[18]吴践志,刘勤.智能财务及其建设研究[M].上海:立信会计出版社,2020.

[19]路秦.云会计信息系统面向财务业务一体化[M].上海:上海交通大学出版社,2020.

[20]胡娜.现代企业财务管理与金融创新研究[M].长春:吉林人民出版社,2020.

[21]刘赛,刘小海.智能时代财务管理转型研究[M].长春:吉林人民出版社,2020.

[22]夏冕.中国公立医院财务治理研究[M].北京:科学出版社,2020.

[23]刘乃丰.医院信息中心建设管理手册[M].南京:东南大学出版社,2020.

[24]钱庆文.医院财务管理[M].北京:中国对外翻译出版公司,2021.

[25]吴锦华,钟力炜,刘军.现代医院采购管理实践[M].上海:上海科学技术出版社,2021.

[26]韦铁民.医院精细化管理实践 第 3 版[M].北京:中国医药科学技术出版社,2021.

[27]董皓.智能时代财务管理[M].北京:电子工业出版社,2018.

[28]曲柏龙,王晓莺,冯云香.信息化时代财务工作现状与发展[M].长春:吉林人民出版社,2021.

[29]陈婧超.财务共享与会计转型[M].北京:新华出版社,2021.

[30]柴慈蕊,赵娴静.财务共享服务下管理会计信息化研究[M].长春:吉林人民出版社,2022.

[31]唐莉,臧黎霞,孙雪梅.财务共享构建与管理实践[M].长春:吉林人民出版社,2022.

[32]寇改红,于新茹.现代企业财务管理与创新发展研究[M].长春:吉林人民出版社,2022.

[33]刘乃芬.智慧财务共享未来智能技术驱动下企业财务共享体系建设与应用研究[M].长春:吉林人民出版社,2022.